글 옥효진

부산교육대학교 초등교육과를 졸업하고 2011년부터 부산에서 초등학교 교사로 근무하고 있습니다. 생활에 꼭 필요한 금융 지식을 학교에서 가르쳤으면 좋겠다는 생각으로 '학급 화폐'를 통한 금융 교육을 시작했고, 이를 소개하는 유튜브 채널 〈세금 내는 아이들〉을 운영하고 있습니다. 이 활동으로 2019년 대한민국 경제교육대상 대한상공회의소장상, 2020년 대한민국 경제교육대상 경제교육단체협의회 회장상, 2021년 민주시민교육 분야 교육부장관 표창, 2022 교보교육대상 미래교육콘텐츠 부문 대상, 2022년 제7회 금융의 날 대통령 표창을 수상했습니다. 지은 책으로 《세금 내는 아이들》《법 만드는 아이들》《옥효진 선생님의 경제 개념 사전》《옥효진 선생님의 법과 정치 개념 사전》《옥효진 선생님의 지리 문화 개념 사전》 등이 있습니다.

그림 유재영

대학에서 만화를 전공하였고, 현재는 어린이를 위한 다양한 만화 작업을 진행하고 있습니다. 요미우리 국제 만화전 금상, 대한민국 창작 만화제 카툰 부문 대상을 수상했으며 환경 만화전, 청소년 만화 공모전 등에서 심사위원을 맡았습니다. 《찾아봐 찾아봐 : 우주 탐험》〈미스터리 차일드 클럽〉 시리즈 등 다수의 책에 그림 작가로 참여하였고, 지은 책으로 《몽글몽글 사진첩》《추억의 숨은그림찾기 2, 3》〈숨은그림찾기 원정대〉 시리즈 등이 있습니다.
manhaya@hanmail.net

작가의 말

우리 곁에 있는 과학과 친해질 준비됐나요?

안녕하세요, 여러분? 사회 개념 사전을 통해 경제, 법과 정치 그리고 지리 문화와 조금은 친해졌나요? 사회 개념 사전 시리즈에 이어 과학 개념 사전으로 여러분을 다시 찾아왔어요. 사회와 과학 모두 학교에서 공부하는 과목이에요. 어떤 친구들은 이 과목을 좋아하겠지만, 사회와 과학이 어렵게 느껴지는 친구들도 있을 거예요. 왜냐하면 사회, 과학 과목에는 여러분이 처음 만나는 개념들, 그래서 뜻을 알지 못하는 개념들이 많이 나오거든요.

하지만 어렵고 낯설게만 느껴지는 과학 개념이 우리 생활 주변 곳곳에 숨어 있다는 사실을 아나요? 사회 개념들을 가까운 일상에서 살펴볼 수 있었던 것처럼, 과학 개념 또한 주위를 둘러보면 쉽게 찾아볼 수 있어요. 여러분은 길을 걸을 때 다리의 움직임과 눈앞에 보이는 그림자의 길이에서 과학 개념을 발견할 수 있을 거예요. 마찬가지로 하늘을 올려다보면 과학 개념을 볼 수 있고, 밥을 먹거나 잠을 잘 때, 친구들과 함께 놀거나 여행을 갈 때도 과학 개념이 함께해요. 그래서 선생님은 여러분이 주변에 있는 과학 개념들을 알아보고 반갑게 만날 수 있도록 과학 개념 사전을 만들게 되었어요. 이 책을 통해 우리 생활 주변의 과학 개념들을 눈치챌 수 있기를 바라요.

사회 과목을 경제, 법과 정치, 지리 문화로 구분했던 것처럼 과학도 네 가지 영역으로 나눌 수 있어요. 과학은 크게 생물, 지구 과학, 물리, 화학으로 나뉘어요. 생물은 다양한 생명체의 특징을 연구하는 과학의 영역이에요. 동물과 식물뿐 아니라 우리 눈에는 보이지 않는 생명체도 다루지요. 지구 과학은 우리가 사는 지구에 대해 연구해요. 아직 알려지지 않은 사실이 더 많은 우주도 지구 과학에서 연구한답니다. 물리는 세상의 모든 물질과 현상이 왜, 그리고 어떻게 나타나는지 연구해요. 화학은 세상의 물질들이 어떻게 이루어져 있고 어떤 성질을 가졌는지 연구하고요.

과학 개념 사전 시리즈의 시작인 이 책에는 네 가지 과학 영역 중, 생물과 지구 과학에서

쓰는 개념 100가지를 담았어요. 생물 영역의 개념을 배우며 우리 주변에 어떤 생물들이 살고 있는지, 그 생물들의 특징은 어떤지, 우리의 몸은 어떻게 이루어져 있는지 알게 될 거예요. 또한 지구 과학 영역의 개념을 배우며 우리가 사는 지구의 모습과 날씨의 특징, 그리고 저 먼 우주에 대한 지식을 익힐 거예요. 이 책 속 과학 개념은 모두 우리 생활에서 발견할 수 있고, 교과서에도 등장하는 것들이에요. 과학 개념 사전을 읽고 학교 수업을 듣는다면 이전에는 알아듣기 힘들었던 말들이 쏙쏙 이해되기 시작할 거예요. 그럼 과학이 조금 더 가깝게 느껴지겠지요?

여러분이 사회 개념 사전을 통해 사회와 친해진 것처럼, 이번에는 과학 개념 사전을 통해 과학과 절친한 친구 사이가 되기를 기대할게요.

옥효진 선생님

차례

작가의 말 4
등장인물 10
과학 개념 사전 활용법 11

1장 다양한 동물

동물	14
포유류	16
조류	18
어류	20
곤충	22
탈바꿈	24
파충류	26
양서류	28
연체동물	30
적응	32
겨울잠	34

2장 식물의 한살이

식물	38
한해살이·여러해살이 식물	40
세포	42
씨	44
싹	46
뿌리	48
줄기	50
잎	52
광합성	54
꽃	56
열매	58

3장 재미있는 우리 몸

- 인류 62
- 뼈·근육 64
- 소화 기관 66
- 순환 기관 68
- 호흡 기관 70
- 배설 기관 72
- 감각 기관 74
- 신경계 76
- 정형외과·신경과 78
- 내과 80
- 안과·이비인후과·피부과·치과 ... 82

4장 다양한 생물과 환경

- 생물·비생물 요소 86
- 생산자·소비자·분해자 88
- 버섯 90
- 미생물 92
- 세균·바이러스 94
- 공생 96
- 기생 98
- 먹이 사슬·먹이 그물 100
- 생태계 평형 102
- 토종·외래종 104
- 생물 다양성 106
- 멸종 108
- 생체 모방 기술 110

5장	지구의 모습

지구 …… 114
지표 …… 116
암석 …… 118
풍화 작용 …… 120
침식 작용 …… 122
지층 …… 124
화석 …… 126
화산 …… 128
마그마·용암 …… 130
지진 …… 132
동굴 …… 134
자연재해 …… 136

6장	신기한 기상 현상

대기 …… 140
계절 …… 142
지구 온난화 …… 144
온실가스 …… 146
구름 …… 148
기압 …… 150
태양의 고도 …… 152
습도 …… 154
폭염·한파 …… 156
태풍 …… 158

7장	놀라운 우주

천체	162
자전	164
공전	166
태양	168
태양계	170
달	172
달의 위상	174
양력·음력	176
광년	178
별자리	180
북극성	182
월식·일식	184

8장	더 알고 싶어요! 과학 개념

생물

활엽수·침엽수	야생 동물·반려동물	188
서식지	불치병·난치병	189
철새	디엔에이(DNA)·유전자	190
초식·육식·잡식	진화·퇴화	191
적혈구·백혈구	번식	192

지구 과학

백야·극야	혜성	193
우주선	우주 정거장	194
오존층	은하수	195
제트 기류	지질 시대	196
천체 망원경	미세 먼지	197

등장인물

☆급훈☆
별처럼 빛나고 생기 있는 교실

옥 쌤
우주와 사랑이의 담임 선생님으로 반 아이들에게 과학을 쉽고 재미있게 알려 주는 것이 목표이다.

오사랑
항상 책을 끼고 다니는 자칭 문학 소년. 실제로는 읽지 않고, 주로 과학 못하는 핑계로 삼는다.

강우주
우주 비행사가 되고 싶은 소녀. 과학에 대해서라면 설명이 길어져서 친구들이 지겨워한다.

먼지
사랑이의 반려 고양이. 나이가 많아서 점잖다.

햄찌
우주의 반려 햄스터. 우주와 나들이하는 걸 좋아한다.

과학 개념 사전 활용법

1단계 한눈에 보이는 개념어로 시작해요!

2단계 재미있는 만화 속 상황을 통해 개념과 조금 더 친숙해져요!

3단계 정확한 뜻풀이로 개념을 확실히 다져요!

4단계 친절한 설명과 귀여운 그림으로 개념을 재미있게 배워요!

5단계 옥효진 선생님이 들려주는 개념어와 관련된 유익한 과학 상식을 읽어요!

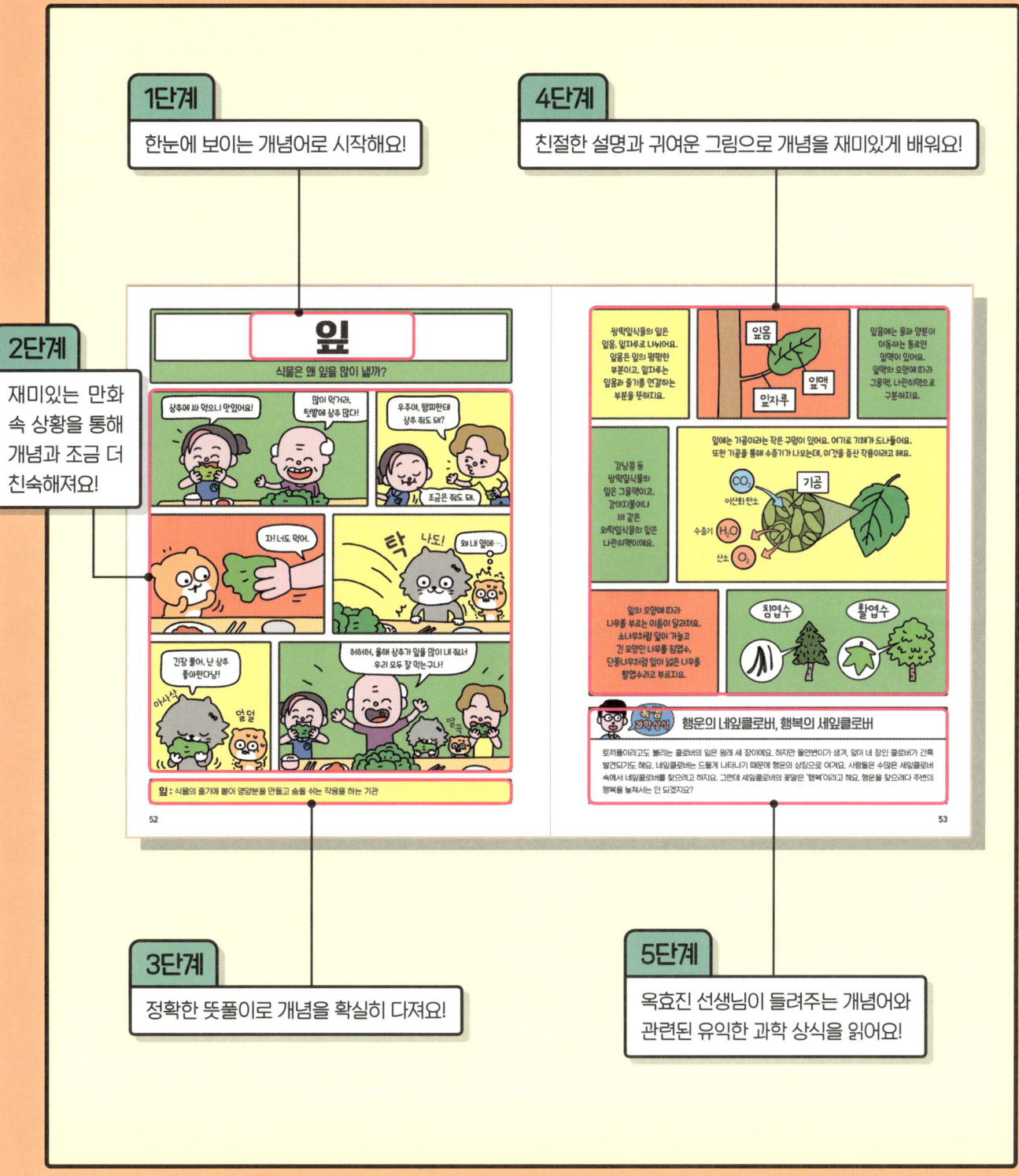

교과 연계

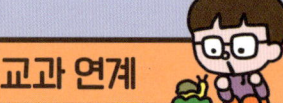

3학년 1학기 과학	03. 동물의 한살이
3학년 2학기 과학	01. 동물의 생활
3학년 2학기 도덕	06. 생명을 존중하는 우리
4학년 2학기 과학	01. 식물의 생활
6학년 2학기 과학	04. 우리 몸의 구조와 기능

1장
다양한 동물

동물 | 포유류 | 조류 | 어류 | 곤충 | 탈바꿈 | 파충류 | 양서류 | 연체동물 | 적응 | 겨울잠

머릿속에 동물을 떠올려 보세요. 무슨 동물이 가장 먼저 생각나요? 함께 많은 시간을 보내는 우리 집 고양이, 창밖을 나풀나풀 날아다니는 나비, 여행 가서 보았던 커다란 도마뱀까지! 우리가 사는 지구엔 셀 수 없이 많은 동물이 살아요. 다양한 동물들을 과학적으로 구분하고, 동물들의 신비로운 특징과 생활을 알아봐요.

동물

다른 생물 덕분에 살아간다고?

동물: 움직일 수 있고, 다른 생물에게서 양분을 얻어 살아가는 생물

생명을 가지고 스스로 생활을 유지해 나가는 물체를 생물이라고 해요.

가을이면 꽃을 피우는 코스모스, 푸른 잎을 내는 느티나무, 엉금엉금 기어다니는 거북, 우리 피를 빨아 먹는 모기는 모두 생물이지요.

생물 중에서 동물은 대부분 움직일 수 있어요. 걷거나 달리고, 날거나 기며, 헤엄치기도 해요.

하지만 동물은 스스로 양분을 만들 수 없어서 다른 생물을 먹어야만 살 수 있어요.

식물을 주로 먹으면 '초식 동물', 동물을 먹으면 '육식 동물', 식물과 동물을 가리지 않고 먹으면 '잡식 동물'이라고 구분하지요.

동물의 몸에는 여러 기관이 발달해 있어요. 덕분에 먹은 걸 소화시키고 숨을 쉬며, 번식하고 바깥의 감각을 받아들이는 등 생명 활동을 할 수 있답니다.

 **옥쌤 과학상식** 눈으로 볼 수 없을 만큼 작은 생물도 있다고?

생물은 동물, 식물, 미생물로 나눌 수 있어요. 미생물은 매우 작아서 눈으로 볼 수 없어요. 그래서 과거에는 생물을 동물과 식물, 두 가지로만 구분하기도 했지요. 현미경이 만들어지면서 미생물 연구가 본격적으로 시작됐어요. 미생물은 아주 작지만, 지구 어디에나 있어요. 유산균 같은 미생물은 우리 몸속에도 살지요. 자연에서 동식물이 죽으면 미생물이 이를 분해하는 역할을 해요. 또한 미생물로 발효 음식을 만들거나 의약품을 개발하는 등, 미생물은 우리의 삶과도 연관이 많답니다.

포유류
젖 먹이는 동물

포유류: 젖을 먹여 새끼를 키우는 동물

포유(哺乳)라는 단어는 '젖을 먹는다'는 뜻이에요. 그래서 젖을 먹고 자라는 동물을 포유류 또는 포유동물이라고 불러요.

지구 곳곳에 수많은 포유류가 살아요. 개, 고양이, 토끼, 소, 말, 양, 원숭이 등이 모두 포유류지요.

고래는 바다에서 살지만 새끼에게 젖을 먹이는 포유류예요. 박쥐는 포유류 중에서 유일하게 하늘을 나는 동물이고요.

물론 인간도 아기 때 엄마의 젖을 먹고 자라니 포유류예요. 대개 포유류는 몸에 털이 있어 체온을 일정하게 유지할 수 있답니다.

그런데 오리너구리처럼 알을 낳는 포유류도 있어요. 오리너구리는 피부샘에서 나오는 젖을 새끼에게 먹이지요. 알을 낳지만 젖을 먹이기 때문에 포유류랍니다.

 포유동물마다 임신 기간이 다르다?

포유류는 대부분 어미의 배 속에서 새끼를 어느 정도 자라게 한 뒤에 낳아 길러요. 포유류의 임신 기간은 다양해요. 쥐처럼 임신 기간이 3~4주 정도로 짧기도 하고, 코끼리처럼 20개월이 넘는 긴 시간 동안 새끼를 품기도 하지요. 인간은 약 10개월 동안 엄마의 배 속에서 자라요. 한편 캥거루는 약 한 달 동안 배 속에서 새끼를 품고, 다 자라지 않은 상태로 낳아 주머니 안에서 젖을 먹여 키워요. 이러한 동물을 포유류의 한 갈래인 '유대류'라고 해요. 갓 태어난 캥거루의 몸무게는 약 1그램 정도로 아주 작아요. 새끼 캥거루는 엄마의 주머니 속에서 6~12개월간 지내며 성장하게 되지요.

조류
날개를 가진 동물

조류: 알에서 태어나고 온몸이 깃털로 덮였으며, 날개로 하늘을 날 수 있는 동물

조류는 보통 우리가 새라고 부르는 동물들이에요. 주변에서 흔히 볼 수 있는 비둘기, 참새, 닭, 까마귀 등이 조류지요.

조류의 몸을 덮고 있는 깃털은 체온을 유지하고 하늘을 나는 데 중요한 역할을 해요. 뼈는 속이 비어 있어서 가벼우면서도 튼튼하답니다.

하지만 펭귄, 타조, 닭처럼 날지 못하는 조류도 있어요. 이 새들은 대부분 잡아먹힐 위험이 없는 지역에 산다는 공통점이 있어요.

모든 조류는 알에서 태어나요. 어미 새는 알을 모두 낳은 다음, 알을 품어 따뜻하게 만들어요. 그러면 얼마 후 새끼들이 태어나지요.

까치는 한 번에 알을 3~7개 낳고 약 18일 동안 품어요. 뻐꾸기는 다른 새의 둥지에 알을 낳고, 그 알을 다른 새가 품어 기르게 한답니다.

조류 중에 몸집이 가장 작은 건 벌새이고, 가장 큰 새는 타조예요.

옥쌤 과학상식 쉬지 않고 열흘을 날아가는 새

열대 바다에 사는 군함새는 몸길이가 1미터도 넘는 큰 새예요. 날개는 폭이 좁고 길며, 꼬리는 제비 꼬리처럼 갈라져 있어요. 이 새는 쉬지 않고 10일 동안 3,000킬로미터가 넘는 거리를 날아가요. 한 과학자는 연구를 통해 군함새가 비행하는 도중에 15초 정도씩 잠을 자는 걸 알아냈어요. 그러다가 목적지에 도착하면 12시간씩 자며 에너지를 보충한다고 해요.

어류

물속을 자유자재로 다니는 동물

어류: 지느러미가 있어 물속을 헤엄쳐 다니고, 아가미로 호흡하는 동물

어류는 강이나 호수, 바다 같은 물속에 살아요.
고등어, 가자미, 피라미, 송사리, 붕어 등이 어류에 속하지요.

어류는 아가미로 호흡해요.
아가미로 물을 통과시켜
물속에 녹아 있는 산소를
몸으로 들여보내지요.

아가미는 물과 만나는 면적을 넓히기 위해 수많은 가닥으로 갈라져 있어요.

그런데 아가미에 근육이 없는 참다랑어는
계속 움직이며 바닷물이
아가미를 지나도록 만들어야 해요.
만약 헤엄치는 걸 멈추면
숨을 쉴 수 없어 죽게 된답니다.

어류는 몸이 비늘로 덮여 있고, 지느러미가 발달해 헤엄을 잘 쳐요. 또한 대부분 물에 뜨고 가라앉는 것을 조절해 주는 '부레'라는 공기 주머니를 가졌지요.

지금까지 지구에서 발견된 어류는 2만 종이 넘는다고 해요.
하지만 인간이 아직 가 보지 못한 바닷속도 있어서
더 많은 종의 어류가 새롭게 발견될 수 있어요.

옥쌤 과학상식 | 어류인데 물 밖에서 숨을 쉰다고?

우리나라에도 사는 베도라치는 몸통이 가늘고 길며, 흑색 반점 무늬가 있어요. 이 베도라치는 밀물이 가장 많이 들어오는 만조에 바위나 육지로 올라와 지내기도 해요. 만조에는 물속에 베도라치를 잡아먹으려는 포식자가 많이 있어서 좀 더 안전한 물 밖으로 피신하는 거지요. 베도라치는 바위 위에서 파도가 뿌려 주는 물로 아가미를 적셔서 숨을 쉬고, 바위틈에 붙은 해초 등을 먹으며 살아간답니다.

곤충

동물 중 수가 가장 많다고?

곤충 : 머리, 가슴, 배로 몸이 나뉘고 다리가 여섯 개인 동물

열심히 일하는 개미, 나풀나풀 날아다니는 나비, 여름에 우리를 귀찮게 하는 모기는 모두 곤충이에요.

곤충은 몸이 머리, 가슴, 배로 나뉘고 다리가 세 쌍이에요. 더듬이나 날개를 갖고 있기도 해요.

거미는 머리와 가슴이 붙어 있어서 몸이 두 부분으로 나뉘고, 다리가 네 쌍이어서 곤충이 아니에요. 다리가 아주 많은 지네도 곤충이 아니지요. 이들은 '절지동물'로 구분한답니다.

곤충은 전체 동물의 4분의 3을 차지할 만큼 수가 많아요. 1,000경 마리나 있다고 하지요. 종류도 다양해서 지금까지 발견된 것만 100만 종이 넘어요.

곤충은 추운 남북극과 무더운 적도에 이르기까지 전 지구에 걸쳐 번성했어요. 작은 몸집으로 환경에 잘 적응한 덕분이지요.

꿀벌이나 누에처럼 인간에게 이로움을 주는 곤충을 익충, 모기나 빈대처럼 인간에게 해로움을 주는 곤충을 해충이라고 해요.

내가 뽕잎을 먹고 고치를 만들면, 고치에서 실을 뽑아!

미래의 식량은 곤충?

곤충이 미래의 식량으로 주목받고 있어요. 유엔 식량 농업 기구는 2013년에 곤충을 유망한 미래 식량으로 지목하기도 했지요. 곤충은 단백질 같은 영양소가 풍부하고, 세계 어느 곳에서든 찾아볼 수 있어요. 또한 기르는 데 땅과 사료가 적게 들고, 소와 돼지보다 온실가스를 훨씬 적게 배출해 환경 보호에 도움이 된다고 해요. 인구가 계속 늘고 기후 변화로 농작물 생산이 줄어 미래에 식량 위기가 생긴다면, 다양한 종류의 곤충이 우리 식탁에 오를 수도 있겠지요?

탈바꿈
어른 동물이 되는 법

탈바꿈 : 동물이 성장하는 과정에서 몸의 형태가 크게 바뀌는 것

사람이 아기일 때와 어른이 되었을 때를 비교하면 키와 몸무게는 달라도 전체적인 생김새와 팔다리의 모양은 비슷해요.

이번엔 나비를 생각해 볼까요? 나비는 알로 태어나서 꿈틀거리는 애벌레가 돼요. 그다음 번데기로 바뀌었다가 마침내 날개를 가진 나비의 모습이 되지요.

이렇게 동물이 어릴 때와 다른 형태로 자라, 알이나 새끼를 낳을 수 있는 동물(성체)이 되는 과정을 탈바꿈 또는 변태라고 해요.

완전 탈바꿈(완전 변태)은 나비와 벌처럼 알, 애벌레, 번데기의 세 단계를 거쳐서 성체가 되는 것을 말해요.

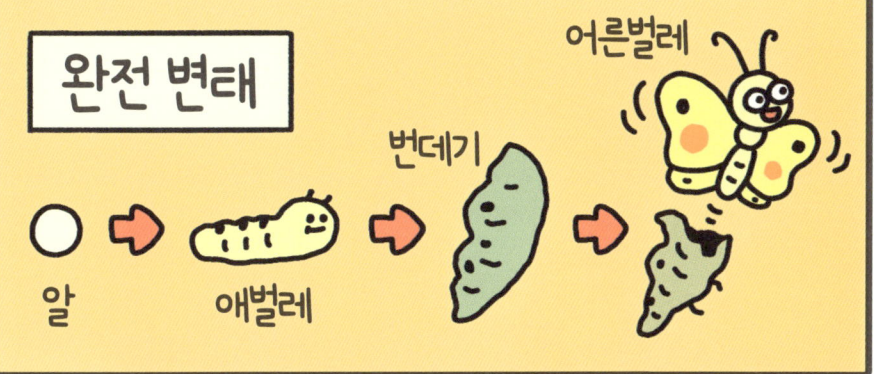

반면 불완전 탈바꿈(불완전 변태)은 번데기 상태를 거치지 않고 성체로 자라는 현상을 말하지요. 잠자리나 메뚜기가 불완전 탈바꿈을 한답니다.

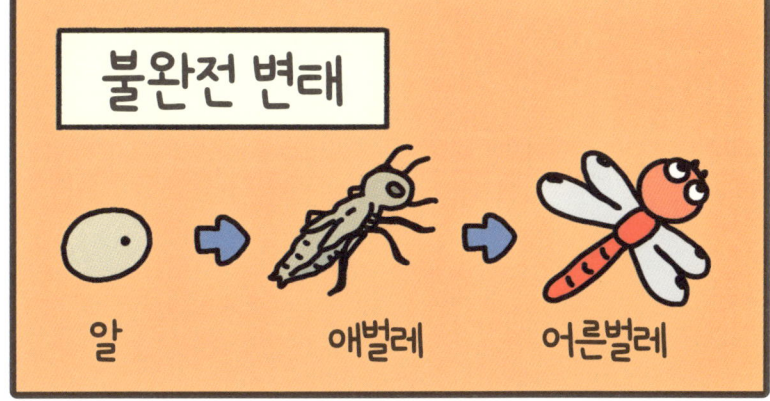

 **번데기 속 동물은 어떤 모습일까?**

번데기는 먹지도 않고 배설하지도 않아요. 대부분 움직이지도 않고요. 그래서 몸무게가 거의 변하지 않지요. 하지만 번데기 안에서는 아주 놀라운 일이 벌어진답니다. 번데기가 된 애벌레는 스스로 몸을 녹여 걸쭉한 물과 같은 상태가 돼요. 그리고 서서히 날개와 더듬이, 다리, 눈과 같은 기관을 만들어 어른벌레의 모습을 갖추어 가지요. 이렇게 녹았다가 어른벌레가 되는 곤충 중에는 애벌레 때를 기억하는 곤충도 있다고 해요.

파충류

단단하고 멋진 비늘을 가진 동물

파충류 : 피부가 비늘로 덮여 있고, 폐로 호흡하며 알을 낳아 번식하는 동물

뱀, 도마뱀, 악어, 거북, 카멜레온 같은 동물이 파충류에 속해요.
지금은 멸종했지만, 공룡은 가장 몸집이 큰 파충류였지요.

파충류

파충류는 폐로 호흡하고, 바깥 온도에 따라 체온이 변해요. 대부분 알을 낳아 번식하지요.

파충류의 피부는 딱딱한 비늘로 덮여 있어요. 이 비늘은 바깥에서 받는 충격이나 다른 동물의 공격에서 몸을 보호하는 역할을 하지요.

또한 비늘은 몸속의 수분이 빠져나가는 것을 막아 줘요.
덕분에 파충류는 물이 적은 사막 지역에서도 살아갈 수 있어요.

파충류는 일정한 시간이 지나면 새로운 비늘로 갈아입어요. 이것을 '껍질을 벗는다'는 뜻으로 탈피(脫皮)라고 불러요. 그래서 파충류가 사는 곳이라면 파충류가 벗어 버린 허물을 찾아볼 수 있어요.

새 비늘로 갈아입을 때가 됐군!

옥 쌤 과학 상식 — 뱀도 다리가 있었다고?

파충류는 대개 두 쌍의 다리를 가지고 있어요. 하지만 뱀은 다리가 없어서 길고 가는 몸으로 땅을 기어다니지요. 그런데 과거에는 뱀에게도 다리가 있었을 거라고 해요. 왜냐하면 뱀의 몸에 다리뼈의 흔적이 있고, 다리 달린 뱀 화석도 발견했거든요. 뱀이 주로 땅속에 살게 되자 점차 다리가 쓸모없어졌고, 결국 오랜 세월을 거쳐 진화하며 다리는 사라졌어요. 다리뿐만 아니라 귓구멍과 눈꺼풀도 서서히 없어지게 되었지요.

양서류

물과 땅을 왔다 갔다!

양서류: 물속과 땅 위, 두 곳에서 생활하는 동물

개구리, 도롱뇽, 두꺼비 등이 대표적인 양서류 동물이에요. 양서류는 물속과 땅 위, 양쪽에서 모두 산다는 뜻에서 붙여진 이름이지요.

양서류는 알에서 태어나 어린 시절을 물속에서 보내요. 어류처럼 아가미로 호흡하며 살지요. 다 자라서는 물 밖으로 나와 폐로 호흡해요.

성체가 된 양서류는 피부를 통해서도 숨을 쉴 수 있어요. '점액'이라는 끈적끈적한 물질이 피부를 덮고 있는데, 점액이 산소를 흡수시키고 피부를 보호해 주지요.

그래서 양서류의 피부는 항상 촉촉해야 해요. 개구리와 도롱뇽 같은 양서류가 시냇가나 연못 등 물가에 사는 이유지요.

주변 온도에 따라 체온이 변하는 양서류는 주로 열대 지역에 살아요. 그런데 지구 온난화가 심해지고 농약 등으로 물이 오염되며 양서류의 수가 줄고 있다고 해요.

옥쌤 과학상식 양서류도 탈바꿈을 한다고?

탈바꿈하는 동물 하면 가장 먼저 곤충이 떠올라요. 하지만 곤충만 탈바꿈하는 것은 아니에요. 양서류도 어릴 적과 전혀 다른 모습으로 성체가 되는 탈바꿈 과정을 거치지요. 예를 들어 개구리는 올챙이 시절 머리와 꼬리밖에 없지만, 자라면서 꼬리는 없어지고 다리가 생겨요. 어류처럼 물속에서 생활하다가, 탈바꿈을 통해 땅 위로 올라올 수 있게 된 것이지요. 그래서 양서류를 어류와 파충류의 중간 단계로 여기기도 해요.

연체동물
부드럽고 유연한 동물

연체동물: 뼈와 마디가 없고 몸이 부드러운 동물

포유류, 조류, 파충류, 양서류는 모두 몸속에 뼈가 있어요. 그래서 몸의 형태를 유지할 수 있지요.

그런데 연체동물은 뼈가 없어서 연하고 물렁물렁한 몸을 가졌어요. 연체(軟體)는 '부드러운 몸'을 뜻해요.

바닷속에 사는 오징어나 문어, 해파리가 대표적인 연체동물이에요. 조개와 소라, 달팽이도 연체동물에 속하지요.

조개와 달팽이는 튼튼한 껍데기로 부드러운 몸을 보호해요. 껍데기가 없는 오징어나 문어는 살아남기 위해 몸 색깔을 바꿔 위장하거나, 먹물을 뿌려 위험을 피하지요.

> 나는 단단한 껍데기가 있어!

> 나에겐 먹물 공격이 있지.

몸이 부드럽다고 연체동물을 약하게 보아서는 안 돼요. 치명적인 독이 있는 상자해파리나 몸길이가 15미터에 이르는 대왕오징어, 높은 지능을 가진 문어까지. 놀라운 연체동물이 많답니다.

 전복은 조개가 아니다?

마트나 시장에서 흔히 볼 수 있는 전복은 딱딱한 껍데기가 있어서 조개의 한 종류로 생각할 수 있지만, 사실 달팽이에 더 가까운 동물이에요. 전복은 조개와 달리 이빨이 있고, 머리에 한 쌍의 눈과 '촉각'이라는 더듬이를 가지고 있어요. 그리고 암초가 많은 깨끗한 바다에서 다시마나 미역 같은 해조류를 먹고 살지요. 전복의 껍데기 바깥면에는 따개비와 같은 작은 생물이 붙어살기도 해요. 껍데기 안쪽 면은 광택이 아름다워 공예품의 재료로 쓰기도 한답니다.

적응

살아남으려면 변해야 해!

적응: 오랜 기간에 걸쳐 특정한 환경에서 살아남기 위해 유리한 특징이 자손에게 전달되는 것

생물이 주변 환경이나 조건에 맞추어 살아가는 걸 적응이라고 해요.

지구에는 빛이 많거나 적은 곳, 온도가 높거나 낮은 곳, 건조하거나 물이 많은 곳 등등 다양한 환경이 있어요. 이런 환경에 따라 생물이 사는 모습은 달라지지요.

주로 밤에 활동하는 부엉이와 올빼미는 큰 눈을 가졌어요. 빛이 적은 환경에서 먹이를 잘 찾도록 적응한 것이지요.

남극에 사는 펭귄은 추위를 견디기 위해 몸을 지방으로 두껍게 만들고, 무리 지어 다니는 생활 방식을 택했어요.

같은 분류에 속한 동물이지만 사는 환경에 따라 겉모습이 달라진 동물이 있어요.

사막여우는 바깥으로 열을 잘 내보내기 위해 큰 귀를 가진 반면, 북극여우는 열을 덜 내보내도록 적응해서 귀와 입이 작지요.

반대로 서로 다른 분류에 속한 동물인데, 같은 환경에 적응하며 비슷해진 경우도 있어요. 개구리는 양서류이고 수달은 포유류이지만 둘 다 물에 적응해 물갈퀴를 가지고 있지요.

겨울잠

오래오래 자는 이유?

겨울잠: 동물이 활동을 멈추고 땅속이나 굴 등에서 겨울을 보내는 일

추운 겨울은 동물이 살기 힘든 환경이에요. 체온을 유지하거나 먹이를 구하기 어렵기 때문이지요.

그래서 몇몇 동물들은 기온이 떨어지고 낮이 짧아지면, 활동을 멈추고 땅속이나 굴 같은 곳에서 겨울을 보내요.

이러한 현상을 겨울잠, 또는 동면이라고 해요. 포유류 중에서는 곰과 다람쥐, 고슴도치, 박쥐 등이 겨울잠을 자요.

겨울잠을 자는 동안 동물의 몸은 크게 변해요. 체온이 떨어지고, 숨 쉬는 횟수가 적어져요. 심지어 배설도 하지 않는답니다.

다람쥐의 경우, 평상시에 1분에 150~200번 정도 뛰던 심장이 겨울잠에 들면 5번 정도만 뛴다고 해요.

양서류인 개구리, 파충류인 뱀도 겨울잠을 자요. 개구리나 뱀은 주변 온도에 따라 체온이 변하기 때문에, 겨울잠을 자지 않으면 생명을 잃을 수도 있다고 해요.

잠을 자야 산다!

옥쌤 과학상식 사람도 겨울잠에 들 수 있을까?

과학 영화를 보면 사람이 기계에 들어가 동면하는 장면이 종종 나와요. 동면하는 동안 늙지도, 배가 고프지도 않지요. 넓은 우주를 여행하려면 수십 년에서 수백 년이 걸리는데 그에 비해 사람의 수명은 길지 않고, 우주선에 실을 수 있는 음식과 물자도 한정적이에요. 그래서 과학자들은 우주 탐사를 위해 겨울잠을 연구하고 있어요. 의학 분야에서도 겨울잠에 관심이 많아요. 심각한 질병에 걸린 사람을 동면에 들게 한 뒤 기술이 발달한 미래에 깨워 치료하는 방법이 생기면 많은 사람에게 도움이 될 거예요.

교과 연계

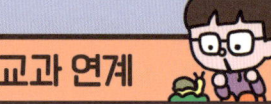

4학년 1학기 과학	02. 식물의 한살이
4학년 2학기 과학	01. 식물의 생활
5학년 1학기 과학	01. 온도와 열
6학년 1학기 과학	04. 식물의 구조와 기능
6학년 2학기 과학	05. 에너지와 생활

2장 식물의 한살이

식물 | 한해살이·여러해살이 식물 | 세포 | 씨 | 싹 | 뿌리 | 줄기 | 잎 | 광합성 | 꽃 | 열매

식물은 항상 우리 곁에 있어요. 봄에 흙을 번쩍 들어 올리는 씩씩한 새싹, 무더운 여름날 그늘을 드리우는 플라타너스, 가을에 주렁주렁 맺히는 과일들과 추운 겨울에도 꿋꿋하게 서 있는 가로수들! 이런 식물들은 조용히 자신이 해야 할 일을 하며 지구를 풍성하게 만들어요. 식물들의 놀라운 이야기에 가만히 귀 기울여 볼까요?

식물

가만있어도 스스로 양분을 만든다고?

식물: 스스로 양분을 만들며, 대개 이동하지 않고 한자리에서 살아가는 생물

우리 주변에서 흔히 볼 수 있는 꽃, 나무 등이 식물이에요. 다양한 식물이 지구에 살고 있지요.

약 39만 종

동물과 달리 식물은 자유롭게 옮겨 다닐 수 없어요. 식물의 '식(植)'은 '심다'라는 뜻인데, 그 이름처럼 식물은 땅에 심겨 있어서 이동이 어려워요.

움직일 수 없어.

따라와!

식물은 뿌리 내린 환경에 여러 가지 방법으로 적응하며 살아가요.

바람이 거센 지역에 사는 식물은 꺾이지 않게 누워 자라고, 건조한 지역의 식물은 물을 얻기 위해 뿌리를 깊이 뻗지요.

식물의 가장 큰 특징은 다른 생물을 먹지 않고도 살 수 있다는 점이에요. 식물은 햇빛을 받아 스스로 양분을 만들 수 있거든요.

얼굴만 타는구나!

힘이 난다!

또한 식물은 산소를 만들고, 동물들에게 먹이가 되어 주는 중요한 역할을 하지요.

식물인 듯 식물이 아닌 생물

버섯은 땅이나 나무 등에서 자라고 움직이지 않아 식물처럼 보여요. 하지만 버섯은 균류에 속하는 생물로, 식물과 많은 차이점이 있어요. 버섯은 씨앗이 아닌 포자로 번식해요. 또한 햇빛에서 영양소를 얻지 않고, 다른 생물을 분해해서 영양소를 얻지요. 한편 따듯한 바닷속에 사는 산호는 겉모습이 나무와 닮아 있고 바닥에 붙어 움직이지 않는 것처럼 보여요. 하지만 산호는 식물이 아닌 동물이에요. 촉수를 통해 동물성 플랑크톤이나 새우, 작은 물고기 등을 잡아먹는답니다.

한해살이·여러해살이 식물

식물이 사는 기간은?

오, 이 은행나무 나이가 300년이 넘는대!

은행나무 수령: 320년

정말 불공평하지 않니?

뭐가?

식물마다 수명이 엄청 차이 나잖아. 내 반려 식물은 죽었는데….

아, 네가 작년에 키우던 백일홍?

응, 다시 볼 수 없다니 너무 슬퍼.

울먹~

애초에 백 일 동안 꽃 피우는 게 멋지다며 키운 거잖아.

백 일이 이렇게 금방 지나갈 줄 몰랐지!

멍—

한해살이 식물: 싹 트고 자라 번식하는 과정이 1년 안에 이루어지는 식물
여러해살이 식물: 싹 트고 자라 번식하는 과정을 여러 해 반복하는 식물

식물은 여러 기준으로 분류할 수 있어요.
사는 기간을 기준으로 분류하면
한해살이 식물과 여러해살이 식물로 나뉘지요.

식물은 싹을 틔우고 자라나,
꽃을 피우고 열매를 맺어요.
그런 다음 씨앗을 퍼트린 후, 시들어 죽지요.

한해살이 식물은 이 모든 과정이 1년 이내에 이루어지는 식물이에요. 해바라기, 코스모스, 봉선화, 벼, 옥수수 등이 한해살이 식물이에요.

한해살이 식물은 죽어서 땅을 비옥하게 하는 역할을 해요.

여러해살이 식물은 1년 넘게 살아가는 식물을 말해요. 여러해살이풀은 땅속에서 줄기나 알뿌리로 겨울을 지내며 이듬해 새순을 내요. 쑥, 국화, 백합 등이 여기 속하지요.

감나무, 개나리, 단풍나무, 무궁화 등의 나무는 모두 여러해살이 식물이에요. 겨울에는 나뭇가지뿐이어도 봄이 오면 새잎을 내지요.

제각각 꽃을 피우는 식물들

매년 가을이 되면 같은 자리에 코스모스가 피는 모습을 볼 수 있어요. 그래서 여러해살이 식물처럼 보이지만, 코스모스는 한해살이 식물이에요. 작년에 피었던 코스모스의 씨가 땅에 떨어져 새로운 코스모스가 자라난 것이지요. 한편 대나무는 여러해살이 식물이에요. 수명이 긴 것은 120년까지 살지요. 하지만 대부분의 여러해살이 식물이 해마다 꽃을 피우는 반면, 대나무는 종류에 따라 3~5년부터 수십 년, 심지어 120년에 한 번 꽃을 피우는 신비한 식물이랍니다.

세포

모든 생물은 세포로 이루어져 있다?

세포 : 생물체를 이루는 기본 단위

세포는 생물체를 이루는 가장 기본적인 단위예요.
동물과 식물 모두 여러 세포가 모여 이루어져 있지요.

세포는 대개 크기가 매우 작아 맨눈으로 볼 수 없고, 현미경으로 살펴봐야 해요. 약 360년 전, 영국의 로버트 훅이라는 사람이 현미경을 사용해 처음으로 세포를 발견했지요.

세포는 생물의 종류에 따라 크기와 모양, 특성이 달라요. 또한 한 생물체 안에도 부위와 기능에 따라 다양한 세포가 있어요.

동물과 식물 세포에는 핵과 세포막, 미토콘드리아가 있어요. 핵은 세포의 생명 활동을 조절해요. 생물의 특성을 결정하는 유전 물질을 지녔지요. 세포막은 세포 전체를 둘러싼 얇은 막이에요. 미토콘드리아는 발전소처럼 에너지를 만들어 내는 기관이에요.

식물의 세포는 세포벽이 감싸고 있어서 모양이 단단하게 유지돼요. 또한 빛을 이용해 양분을 만드는 엽록체라는 기관을 가지고 있지요.

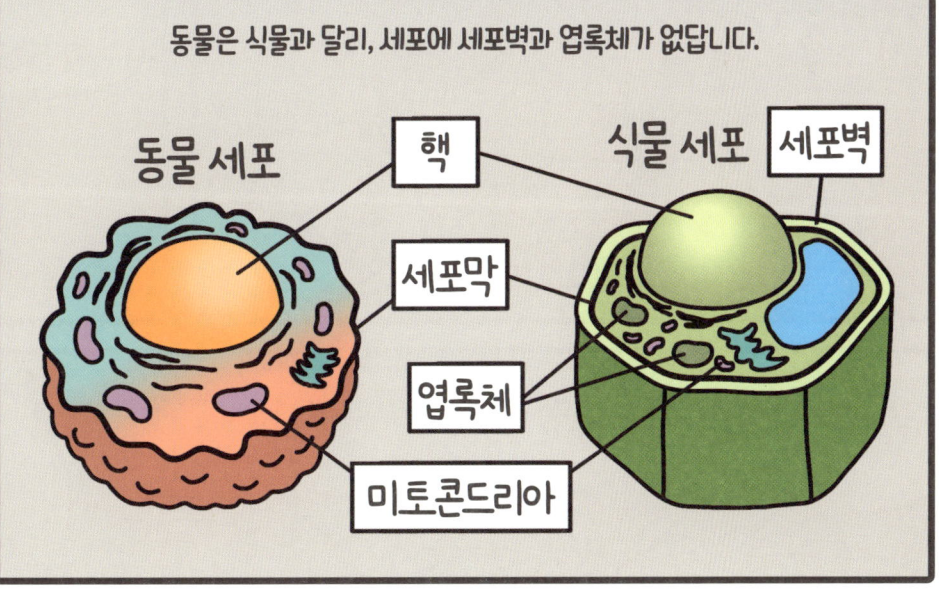

동물은 식물과 달리, 세포에 세포벽과 엽록체가 없답니다.

냉장고에서 볼 수 있는 커다란 세포?

우리의 일상에서 맨눈으로 쉽게 볼 수 있는 세포가 있어요. 바로 달걀이에요. 달걀은 살아 있는 하나의 세포랍니다. 달걀의 껍데기와 안쪽의 얇은 막, 그리고 흰자위까지 세포막에 속해요. 노른자위 가운데 위쪽에 핵이 붙어 있고요. 달걀 표면에는 7,000개가 넘는 작은 구멍이 있어서 산소를 받아들이고 이산화 탄소와 수분을 바깥으로 내보낸답니다.

씨
새로운 식물을 품은 것

씨: 식물의 열매 속에 있는, 앞으로 싹이 터서 새로운 식물이 될 단단한 물질

과일을 먹을 때 씨를 볼 수 있어요. 씨 또는 씨앗은 식물의 열매 속에 든 단단한 물질을 말해요.

씨는 식물마다 모양과 크기가 달라요. 아보카도처럼 큰 씨도 있지만 딸기처럼 아주 작은 씨도 있어요.

씨 안에는 장차 새로운 식물로 자랄 '배'와 배에 양분을 공급하는 '배젖'이 있어요. 감 씨앗을 잘라 보면 하얀 숟가락 모양의 배를 관찰할 수 있어요.

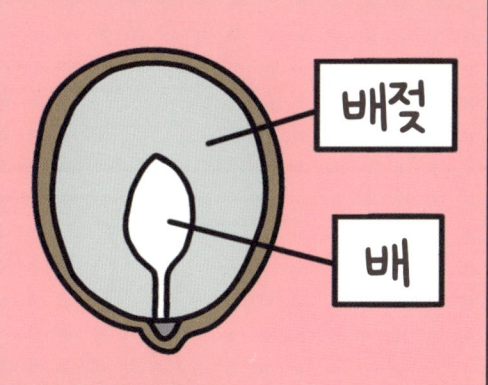

해바라기, 콩, 밤처럼 배젖이 없어 떡잎에 양분을 저장하는 식물도 있어요.

식물은 자손을 남기기 위해 다양한 방법으로 씨를 퍼트려요. 민들레는 깃털 같은 씨를 바람에 날려 보내고, 봉선화는 열매의 껍질이 터지면서 씨를 멀리 튕겨 보내지요.

사과나 배 같은 식물은 동물에게 먹혀서 동물의 배설물을 통해 씨를 퍼트리기도 해요.

한편 환경 오염으로 많은 식물이 멸종 위기에 놓였어요. 그래서 다양한 식물을 보존하기 위해 씨앗 은행을 만들어, 씨앗들을 안전하게 보관하고 있지요.

우리나라도 전라북도 전주시에 '농업 유전자원 센터'가 있어, 28만 종이 넘는 식물을 보관하고 있답니다.

싹

부드럽지만 힘이 센 새싹

싹: 씨, 줄기, 뿌리 등에서 처음 돋아나는 어린잎이나 줄기

씨앗에서 가장 처음으로 나온 잎을 떡잎이라고 해요. 떡잎은 어린 식물이 자라는 데 필요한 영양분을 가지고 있어요. 그래서 식물이 어느 정도 자라면 떡잎은 시들어 버리지요.

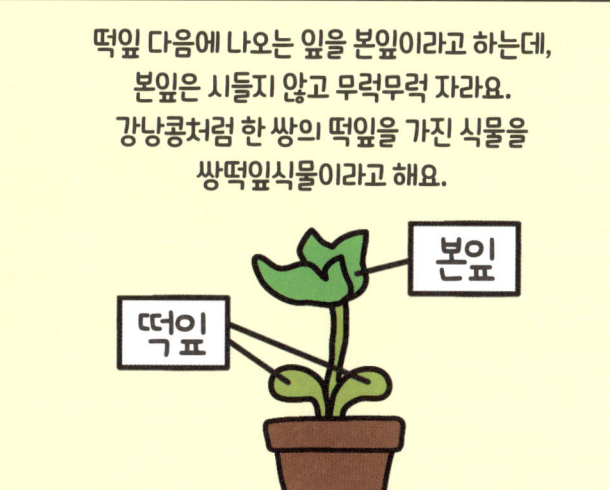

 대나무는 나무가 아니다?

나무는 줄기 속에 단단한 부분이 있는, 여러해살이 식물이에요. 나무줄기 안에 있는 '형성층'이라는 조직이 줄기를 단단하고 두껍게 만들어요. 그런데 외떡잎식물은 대부분 형성층이 없어요. 그래서 옥수수나 벼처럼 쉽게 휘어지고, 줄기도 두꺼워지지 않지요. 우리는 이런 식물을 '풀'이라고 불러요. 대나무도 외떡잎식물이고, 풀이에요. 대나무는 줄기가 단단하고 두께도 두꺼워 보이지만, 형성층이 없어서 대나무 싹인 죽순의 두께에서 크게 굵어지지 않아요. 그리고 느티나무나 소나무와는 달리 휘어지는 성질을 가지고 있지요. 대나무와 같은 이유로 바나나와 야자수도 나무가 아니랍니다.

뿌리

땅속에서 아주 중요한 역할을 하는 것

뿌리 : 식물의 가장 아랫부분으로, 땅속에 묻히거나 다른 물체에 박혀 수분과 양분을 빨아올리고 줄기를 지탱하는 기관

식물의 뿌리는 식물이 살아가는 데 아주 중요한 역할을 해요. 식물이 바람에 쓰러지지 않도록 지탱해 주고, 흙 속에 있는 물과 양분을 빨아들이지요.

어떤 식물은 뿌리에 양분을 저장하기도 해요. 이런 뿌리를 저장뿌리라고 해요. 우리가 먹는 당근, 고구마, 무, 인삼 등이 저장뿌리지요.

뿌리는 크게 원뿌리, 곁뿌리, 뿌리털로 이루어져 있어요. 원뿌리는 뿌리의 중심으로, 굵고 곧게 자라는 뿌리예요.

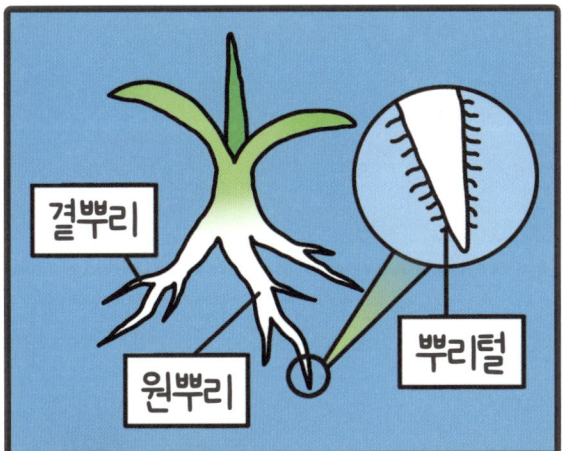

곁뿌리는 원뿌리에서 나와 옆으로 퍼져 나간 뿌리예요. 뿌리털은 뿌리 끝에 실처럼 길고 가늘게 나온 털인데, 뿌리가 흙과 만나는 면적을 넓혀 더 많은 물과 양분을 얻도록 하지요.

벼, 백합, 마늘, 옥수수 같은 식물은 원뿌리와 곁뿌리 구분 없이 모든 뿌리가 비슷한 굵기로 수염처럼 모여 난답니다.

 **옥쌤 과학상식** ## 뿌리가 산사태를 막아 준다고?

산사태는 홍수나 지진 등의 자연재해, 또는 무분별한 개발 공사로 산의 흙과 바위가 갑자기 무너져 내리는 현상이에요. 그런데 나무가 많은 산은 산사태가 일어날 위험이 적어요. 비가 많이 오면 흙끼리 뭉치는 힘이 약해지는데, 나무뿌리가 땅속에서 빗물을 흡수하고 흙이 움직이지 않도록 꽉 잡아 주는 역할을 하거든요. 이 밖에도 나무들은 바람과 소음을 막아 주고 공기를 맑게 하며, 사람들에게 편안한 쉼터가 되어 줘요. 그러니 나무를 많이 심어 잘 가꾸어야겠지요?

줄기

뿌리와 잎을 연결하는 통로

줄기: 식물을 받치고 있는, 물과 양분의 통로가 되는 부분

식물이 물과 양분을 곳곳으로 보낼 때, 이동 통로 역할을 하는 곳이 줄기예요.

줄기 속에는 물관과 체관이 있어요. 물관은 뿌리에서 빨아들인 물과 양분이 이동하는 통로예요. 체관은 잎에서 만든 양분이 이동하는 통로이고요.

쌍떡잎식물의 물관과 체관 사이에는 형성층이 있어요. 형성층에서는 세포들이 생겨나 줄기를 굵게 만들지요. 물관, 체관, 형성층을 합쳐 관다발이라고 불러요.

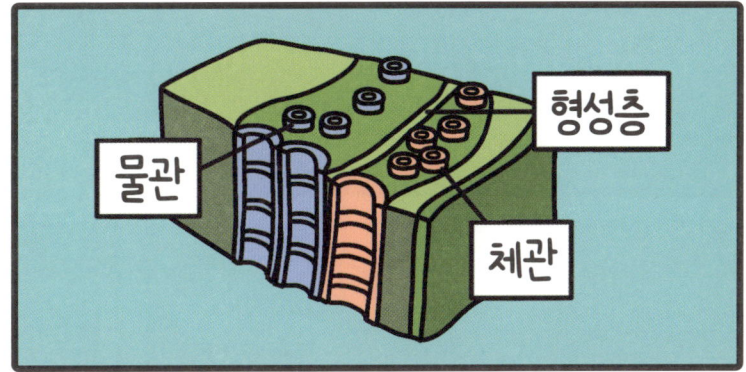

줄기는 식물을 지탱하는 역할도 해요. 소나무가 우뚝 서 있고, 해바라기가 해를 향해 곧게 서 있는 것은 줄기 덕분이지요.

줄기는 모양에 따라 곧은줄기, 감는줄기, 기는줄기 등으로 구분해요. 나팔꽃이나 등나무는 감는줄기, 고구마나 수박은 기는줄기랍니다.

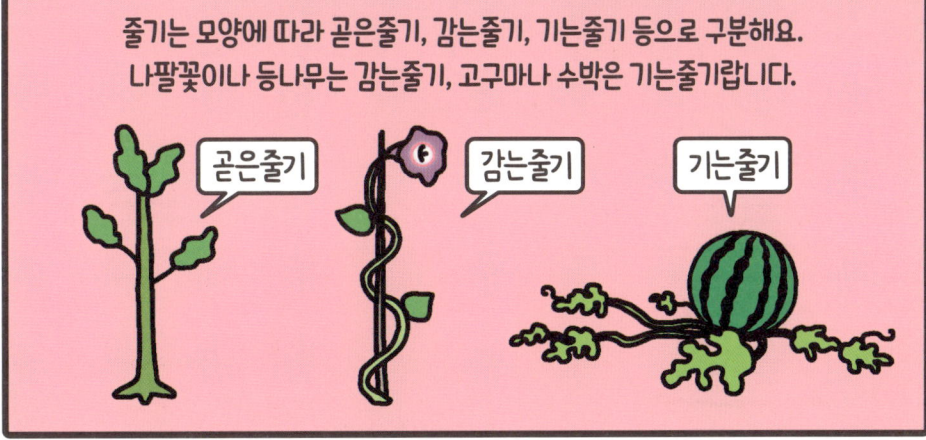

줄기에 양분을 저장한다고?

어떤 식물은 줄기에 물과 양분을 저장하기도 해요. 땅속에 있는 감자는 뿌리처럼 보여도 실제로는 줄기 끝이 두터워진 거예요. 이를 덩이줄기라고 해요. 감자는 줄기이기 때문에 싹을 틔우고, 빛을 쬐면 초록색으로 변한답니다. 양파도 양분을 비늘 모양 줄기에 저장해요. 이것을 비늘줄기라고 불러요. 또한 선인장은 건조한 환경에 견디기 위해 줄기에 물을 저장해 둔답니다.

잎

식물은 왜 잎을 많이 낼까?

잎: 식물의 줄기에 붙어 영양분을 만들고 숨을 쉬는 작용을 하는 기관

쌍떡잎식물의 잎은 잎몸, 잎자루로 나뉘어요. 잎몸은 잎의 평평한 부분이고, 잎자루는 잎몸과 줄기를 연결하는 부분을 뜻하지요.

잎몸에는 물과 양분이 이동하는 통로인 잎맥이 있어요. 잎맥의 모양에 따라 그물맥, 나란히맥으로 구분하지요.

강낭콩 등 쌍떡잎식물의 잎은 그물맥이고, 강아지풀이나 벼 같은 외떡잎식물의 잎은 나란히맥이에요.

잎에는 기공이라는 작은 구멍이 있어요. 여기로 기체가 드나들어요. 또한 기공을 통해 수증기가 나오는데, 이것을 증산 작용이라고 해요.

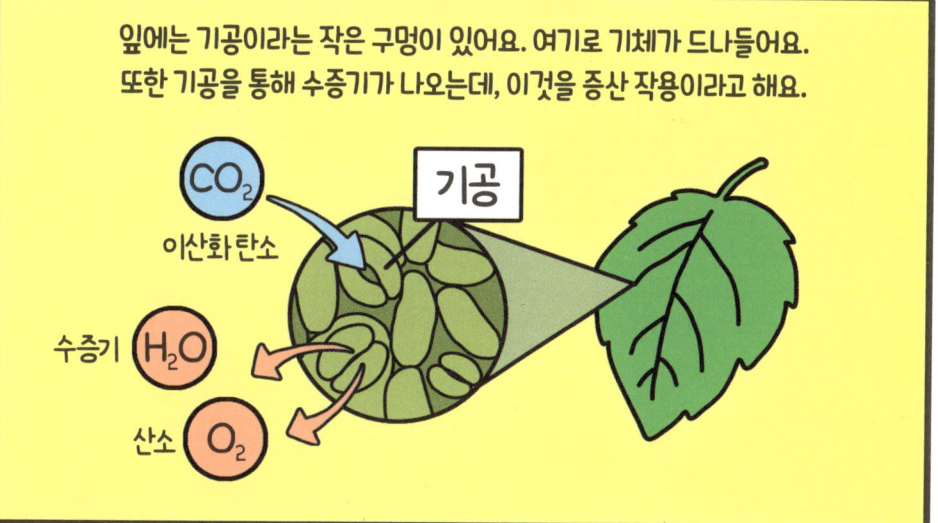

잎의 모양에 따라 나무를 부르는 이름이 달라져요. 소나무처럼 잎이 가늘고 긴 모양인 나무를 침엽수, 단풍나무처럼 잎이 넓은 나무를 활엽수라고 부르지요.

행운의 네잎클로버, 행복의 세잎클로버

토끼풀이라고도 불리는 클로버의 잎은 원래 세 장이에요. 하지만 돌연변이가 생겨, 잎이 네 장인 클로버가 간혹 발견되기도 해요. 네잎클로버는 드물게 나타나기 때문에 행운의 상징으로 여겨요. 사람들은 수많은 세잎클로버 속에서 네잎클로버를 찾으려고 하지요. 그런데 세잎클로버의 꽃말은 '행복'이라고 해요. 행운을 찾으려다 주변의 행복을 놓쳐서는 안 되겠지요?

광합성

빛을 쬐면 힘이 나!

광합성 : 식물이 빛을 이용해 영양분을 만드는 과정

다른 생물을 먹어서 양분을 얻는 동물과 달리, 식물은 스스로 양분을 만들 수 있어요. 광합성을 하기 때문이에요.

내가 쓸 양분은 내가 만든다.

광합성은 식물의 세포 안에 있는 엽록체에서 이루어져요. 잎에는 엽록체가 많아 광합성이 활발히 일어나지요.

엽록체

엽록체는 여러 색소를 가지고 있어요. 그중에서 식물은 초록색을 띤 엽록소를 많이 가지고 있어서 초록색으로 보이는 거예요.

광합성에는 빛과 물, 이산화 탄소가 필요해요. 식물은 엽록체에서 빛을 받아들이고, 잎의 기공을 통해 이산화 탄소를 흡수하고, 뿌리에서 물을 빨아들여 광합성을 하지요.

빛

물 + 이산화 탄소 → 포도당 + 산소

광합성을 하면 산소와 함께 포도당이라는 양분이 만들어져요.
식물은 포도당을 녹말로 바꾸어 저장해 두지요.

 ## 식충 식물은 광합성을 할까?

파리지옥과 네펜테스, 끈끈이주걱은 파리, 나비, 거미 같은 곤충을 잡아먹는 식충 식물이에요. 식충 식물은 특별한 기관으로 작은 동물을 잡고, 소화시켜 양분을 얻어요. 파리지옥은 잎을 여닫아 곤충을 잡고, 네펜테스는 주머니 모양으로 변한 잎에 곤충을 가두어 소화시키지요. 동물을 먹어 양분을 얻기 때문에 광합성을 하지 않을 것 같지만, 식충 식물도 다른 식물과 마찬가지로 광합성을 통해 양분을 얻는답니다.

꽃
향기롭고 화려한 꽃

꽃: 씨앗을 만드는 식물이 번식하기 위한 기관

꽃은 식물의 번식을 위한 기관이에요. 즉, 씨앗을 만들어 내는 기관이지요.

꽃은 수술과 암술, 꽃받침, 꽃잎으로 이루어져 있어요. 수술은 꽃가루를 만들어요. 암술은 꽃가루를 받아 열매를 맺고요. 꽃받침과 꽃잎은 암술과 수술을 보호하는 역할을 해요.

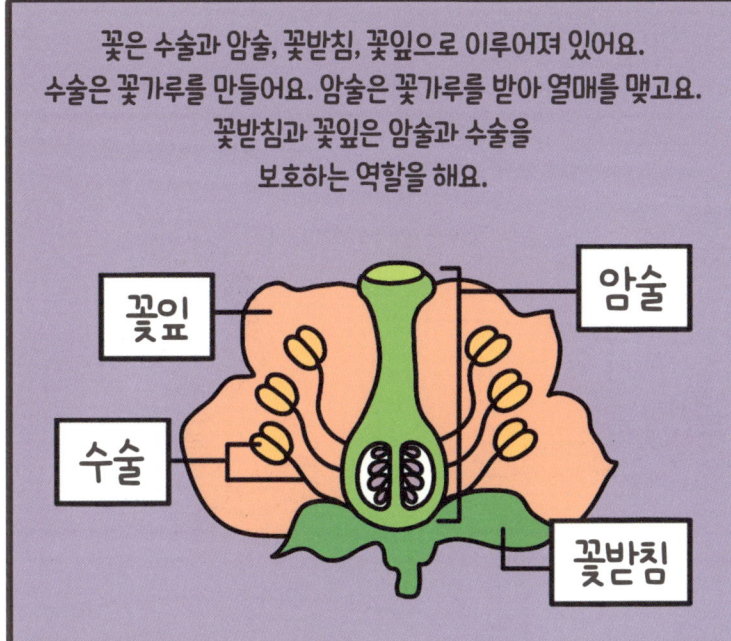

모든 꽃이 이 네 가지 부분을 다 갖추고 있는 것은 아니에요. 에너지를 절약하기 위해 꽃받침, 꽃잎, 암술, 수술 중에 일부를 없앤 식물도 있답니다.

갈대는 꽃잎이 없어.

수술의 꽃가루가 암술로 옮겨지는 것을 꽃가루받이 또는 수분이라고 해요. 꽃가루받이가 이루어지면 씨앗이 만들어지지요.

꽃은 꽃가루를 퍼트리기 위해 화려한 색과 향기, 달콤한 꿀로 곤충을 유혹해요.

와~ 향기가 정말 좋다!

파리지옥은 어떻게 꽃을 피울까?

곤충은 식물의 꽃에 앉았다가 다른 곳으로 날아가 꽃가루를 퍼트려요. 식물이 번식하는 데 중요한 역할을 맡고 있지요. 그런데 식충 식물인 파리지옥은 곤충이 건드리면 잎을 닫아 곤충을 가둬요. 자신의 꽃가루를 옮겨 줄 곤충까지 잡아먹어 버리게 되지요. 그래서 파리지옥은 줄기를 기다랗게 뻗어 꽃을 피운답니다. 5~6월에 흰색 꽃을 피워 곤충이 꽃가루를 옮겨 주면, 검은깨처럼 생긴 씨가 여물어요.

열매

괜히 맛있게 만든 것이 아니라고?

열매 : 식물이 수정한 후 씨방이나 다른 기관이 자라 생기는 것

우리가 흔히 과일이라고 부르는 사과, 배, 감, 복숭아 등은 모두 열매예요. 과일은 사람이 먹을 수 있는 열매를 말하지요.

꽃가루받이가 이루어지면, 수술의 꽃가루 속 핵과 암술의 씨방 속 밑씨가 합쳐져요. 이것을 수정이라고 해요.

수정한 후, 씨방이 자라서 열매가 돼요. 열매 안에는 씨앗이 들어 있어요. 열매의 껍질은 씨를 보호하는 역할을 하지요.

씨방이 아닌 다른 부분이 자라 열매가 되기도 해요. 딸기와 석류는 꽃받침이 자란 것이랍니다.

열매가 맛있는 이유는 씨를 멀리멀리 퍼트리기 위해서예요. 동물이 열매를 먹고 다른 곳으로 이동해 배설하면, 그곳에서 씨가 자라지요.

 **옥쌤 과학상식**

다양하게 활용되는 열매

열매는 동물의 먹이가 되어 동물에게 수분과 영양분을 줘요. 다람쥐가 좋아하는 해바라기씨는 정확히 말하면 씨가 아니라 열매예요. 우리가 주로 먹는 쌀은 벼 열매의 껍질을 벗겨 낸 알맹이지요. 또 어떤 열매는 기름을 짜서 사용할 수도 있어요. 콩, 올리브, 코코넛과 같은 열매가 그렇지요. 약으로 활용되는 열매도 있어요. 개암나무의 열매를 잘 말려 가루를 내어 먹으면 위장병에 효과가 있어요. 오미자 열매는 눈을 맑게 하고, 기침을 멈추게 하는 효능이 있답니다.

교과 연계

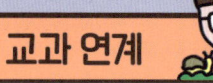

3학년 2학기 과학 04. 소리의 성질

4학년 1학기 국어 07. 사전은 내 친구

5학년 1학기 과학 04. 다양한 생물과 우리 생활

5학년 2학기 국어 02. 지식이나 경험을 활용해요

6학년 2학기 과학 04. 우리 몸의 구조와 기능

3장

재미있는 우리 몸

인류 | 뼈·근육 | 소화 기관 | 순환 기관 | 호흡 기관 | 배설 기관 | 감각 기관 | 신경계 | 정형외과·신경과 | 내과 | 안과·이비인후과·피부과·치과

우리 몸을 자세히 들여다보면 과학을 재미있게 배울 수 있어요. 몸은 아주 다양한 일을 척척 해내요. 움직이고 보고 듣고 말하는 일, 먹고 생각하고 느끼는 일 등. 우리 몸에서 벌어지는 수많은 일들을 살펴봐요. 그리고 몸의 아픈 부위에 따라 어떤 병원을 가야 하는지도 자세히 알아봐요. 우리 몸을 더 잘 알수록, 나를 더 잘 사랑할 수 있답니다.

인류

사람을 다른 말로 하면?

인류: 사람을 다른 동물과 구별하여 이르는 말

지구의 수많은 동물 중, 생각을 하고 언어를 사용하며, 도구를 만들어 쓸 뿐만 아니라 여럿이 모여 사회를 이루는 동물이 있어요. 바로 사람이에요.

사람을 다른 동물과 구별하여 '인류'라고 부를 수 있어요.

인류

사람은 포유류에 속하지만, 다른 포유류에 비해 털이 적어요. 고양이나 곰 등은 온몸이 털로 빽빽하게 덮여 있는 반면, 사람은 머리나 겨드랑이 같은 곳을 빼고는 털이 많지 않아요.

사람의 뇌 무게는 몸무게의 약 40분의 1을 차지해요. 다른 동물에 비해 몸에서 뇌가 차지하는 비중이 크지요. 이렇게 뇌가 발달한 만큼 인류는 지능이 뛰어나요.

약 300만 년 전에 살았던 오스트랄로피테쿠스는 다른 원숭이와 달리 두 발로 서서 걸어 다녔어요. 두 손이 자유로워지며 간단한 도구도 다룰 수 있었지요.

두 발로…!

오스트랄로피테쿠스는 키가 1미터 정도로 작고 생김새가 원숭이와 더 비슷했지만, 두 발로 걸었다는 점이 현재 인류와 같아요. 그래서 이들을 '최초의 인류'라고 부르지요.

오스트랄로피테쿠스의 뒤를 이어 호모 에렉투스와 네안데르탈인이 지구에 나타났어요. 그리고 약 4만 년 전, 현재 인류와 같은 호모 사피엔스 사피엔스가 나타났지요.

인류는 오랜 세월에 걸쳐 도구를 발달시키고, 사회를 이루며 퍼져 나갔어요. 덕분에 다른 생명체들과는 전혀 다른 모습으로 지구에서 번성할 수 있었답니다.

뼈·근육
우리 몸을 움직이는 것

뼈: 척추동물의 살 속에서 몸을 지탱하는 단단한 물질
근육: 동물의 몸속에서 뼈와 내장을 보호하고 몸을 움직이게 해 주는 힘줄과 살

학교에 갈 때도, 공부할 때도, 친구들과 놀 때도 우리는 하루 동안 쉬지 않고 몸을 움직여요. 그럴 수 있는 이유는 운동 기관인 뼈와 근육이 있기 때문이에요.

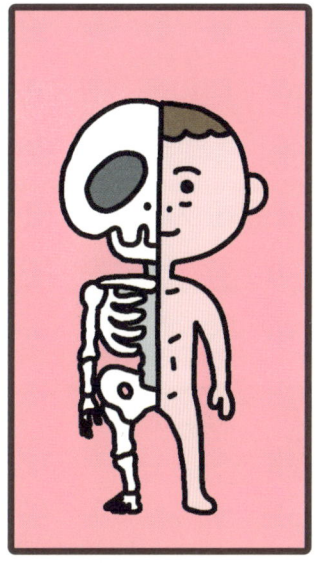

뼈는 우리 몸의 형태를 유지할 수 있게 해요. 또한 몸의 중요한 기관들을 보호하는 역할도 하지요. 두개골이라고도 하는 머리뼈는 뇌를 보호하고, 갈비뼈는 심장과 폐 등을 보호해요.

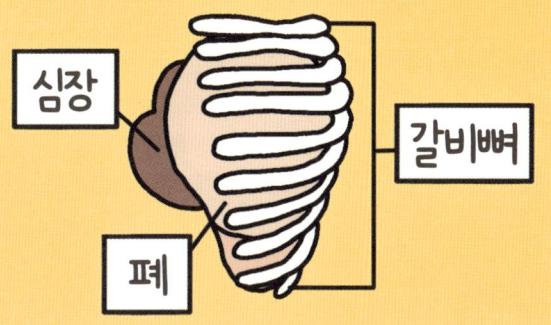

뼈와 뼈가 맞닿은 곳을 관절이라고 해요. 관절은 뼈를 연결하고, 뼈의 움직임을 부드럽게 해 주며, 뼈를 보호하는 기관들로 이루어져 있어요.

뼈에 연결된 근육은 오므라들었다 늘었다 하며 몸을 움직여요. 손가락을 접었다 펴는 동작을 보면 근육의 움직임을 관찰할 수 있어요.

손가락을 접을 때 안쪽 근육이 오므라들며 뼈를 잡아당기고, 펴면 안쪽 근육이 원래대로 돌아오면서 뼈를 밀어내지요.

근육은 몸속 내장 기관에도 있어요. 이런 근육들은 소화를 돕고 심장이 뛰게 하는 등 중요한 역할을 하지요. 내장을 이루는 근육은 뼈에 붙어 있는 것과 달리, 마음대로 움직일 수 없어요.

소화를 도와주는 근육!

심장을 뛰게 하는 근육!

옥쌤 과학상식 - 아기의 뼈가 어른의 뼈보다 많다고?

어른은 몸에 206개 정도의 뼈를 가지고 있어요. 그런데 신기하게도 갓 태어난 아기가 가진 뼈는 어른보다 100개나 더 많은 300개 정도예요. 아기가 자라는 동안 뼈들은 서로 붙어서 합쳐지고, 단단해져요. 그래서 성장이 끝나고 어른이 되면 뼈의 개수가 206개 정도로 줄어드는 것이지요. 하지만 모든 어른이 똑같이 206개의 뼈를 가진 것은 아니에요. 가끔 뼈가 한두 개 더 많은 사람도 있답니다.

소화 기관
음식이 지나는 몸속 통로

소화 기관: 영양소를 얻기 위해 음식물을 잘게 쪼개고 흡수하는 기관

우리는 음식에서 영양소를 얻어 생활해요. 영양소를 흡수하기 위해
몸으로 들어온 음식을 잘게 부수거나 쪼개는 과정을 소화라고 해요.

소화 기관은 음식물이 지나는 몸속 기관이에요.
우리가 음식을 먹으면 그 음식은 소화 기관인 입, 식도, 위, 작은창자, 큰창자, 항문을 지나가요.

입은 음식물을 이로 잘게 부수고 침과 섞는 역할을 해요. 식도는 입을 지난 음식물을 위로 보내는 통로예요. 위는 위액을 만들어 음식물을 살균하고 분해해요.

작은창자에서는 소화를 돕는 액체가 나와 음식물을 더 잘게 쪼개고 영양소와 수분을 흡수해요. 큰창자에서는 작은창자를 지나온 음식물 찌꺼기에 남아 있는 수분을 마저 흡수하지요.

이렇게 큰창자까지 지난 음식물 찌꺼기는 항문을 통해 우리 몸 밖으로 나가요.

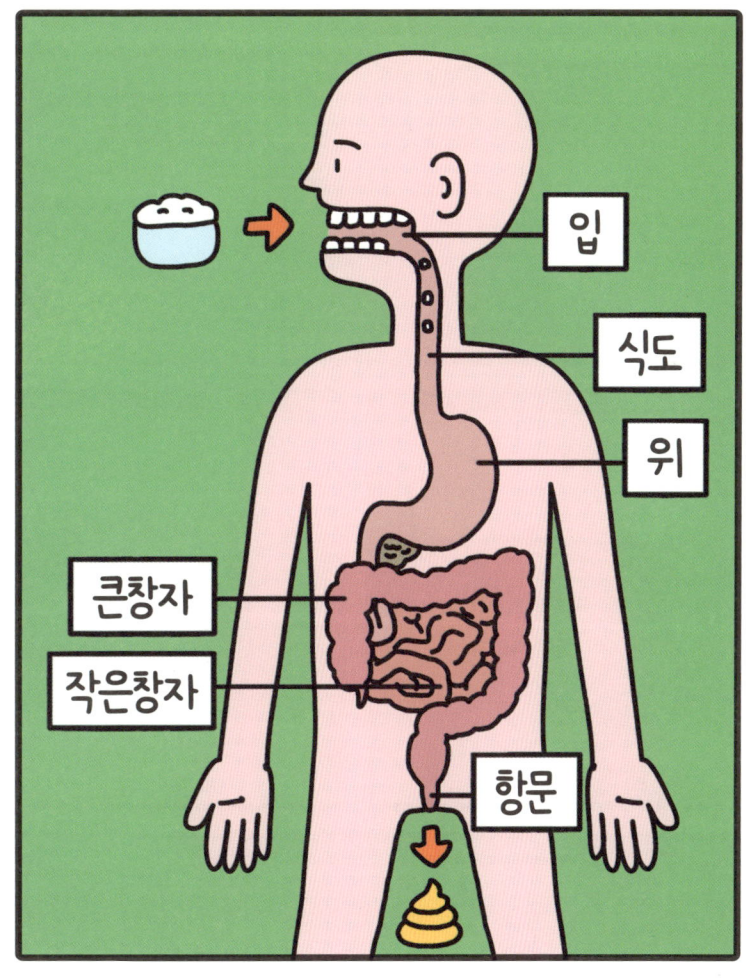

 **옥쌤 과학상식** 디저트 배는 따로 있다고?

이미 밥을 많이 먹어서 더 이상 먹지 못할 것 같을 때, "디저트 배는 따로 있지!"라며 간식을 먹는 친구들이 있어요. 그런데 이 말은 사실이에요. 한 실험에서 위가 음식으로 가득 찬 사람에게 케이크를 보여 줬더니, 케이크가 들어올 공간을 만들기 위해 위가 열심히 움직이는 걸 확인할 수 있었다고 해요. 위는 음식이 들어오는 만큼, 최대 다섯 배까지 늘어날 수 있어요. 하지만 이건 일시적인 현상이고, 음식이 소화되면 위는 다시 원래 크기로 돌아간답니다.

순환 기관

혈액이 흐르는 곳

순환 기관 : 몸 전체에 혈액을 보내고, 몸에서 돌아오는 혈액을 받는 기관

우리 몸속을 쉬지 않고 돌아다니는 액체가 있어요. 바로 혈액이에요. 혈액은 쉬운 말로 피라고 하지요.

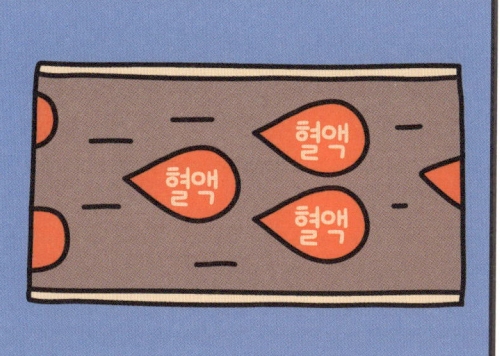

혈액은 산소와 영양분을 우리 몸 곳곳으로 전달하는 중요한 역할을 해요. 혈액이 우리 몸을 끊임없이 돌아다니는 것을 혈액의 순환이라고 해요.

심장은 쉬지 않고 뛰며 마치 펌프처럼 혈액을 내보내고 받아들이는 역할을 해요. 심장에서 나온 혈액은 우리 몸을 한 바퀴 돌고 다시 심장으로 되돌아오지요. 심장에서 나가는 혈액이 흐르는 혈관을 동맥, 심장으로 들어가는 혈액이 흐르는 혈관을 정맥이라고 해요.

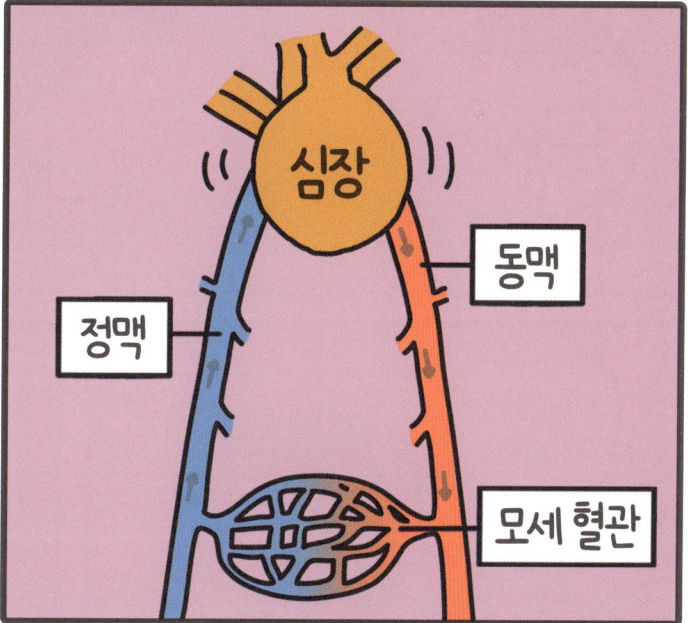

모세 혈관은 온몸에 그물처럼 퍼진 아주 가느다란 혈관을 말해요.
칼에 살짝 베였을 때 나는 피는 피부 아래의 모세 혈관이 찢어져서 나온 것이에요.
이처럼 혈액을 이동시키는 일을 하는 심장과 혈관을 순환 기관이라고 한답니다.

 ## 신기하고 놀라운 혈관

우리 몸에 있는 혈관을 모두 일직선으로 이으면 약 10만 킬로미터로, 지구를 두 바퀴 넘게 두를 수 있는 길이예요. 그런데 심장이 내보낸 혈액이 모든 혈관을 돌고 오는 시간은 1분도 안 걸려요. 정말 놀랍지요? 이런 혈액 순환이 잘 일어나야 우리는 건강을 유지할 수 있어요. 특히 뇌는 심장에서 나오는 혈액의 약 20퍼센트를 사용하는데, 단 몇 분이라도 혈액 순환이 되지 않으면 뇌세포가 파괴되어 아주 위험할 수 있답니다.

호흡 기관

숨을 쉬게 해 주는 곳

호흡 기관: 공기를 들이마시고 내쉬어 산소를 흡수하고 이산화 탄소를 내보낼 수 있게 해 주는 기관

모든 생물은 살아가기 위해 산소가 필요해요. 이렇게 중요한 산소를 얻기 위해 우리는 숨을 쉬어요. 이것을 다른 말로 호흡이라고 하지요.

호흡을 위해 공기가 지나가는 코, 기관, 기관지, 폐를 호흡 기관이라고 해요. 숨을 들이마시면 주변의 공기가 코로 들어가요. 콧속에는 털과 끈끈한 액이 있어 공기 속의 먼지를 걸러 주지요.

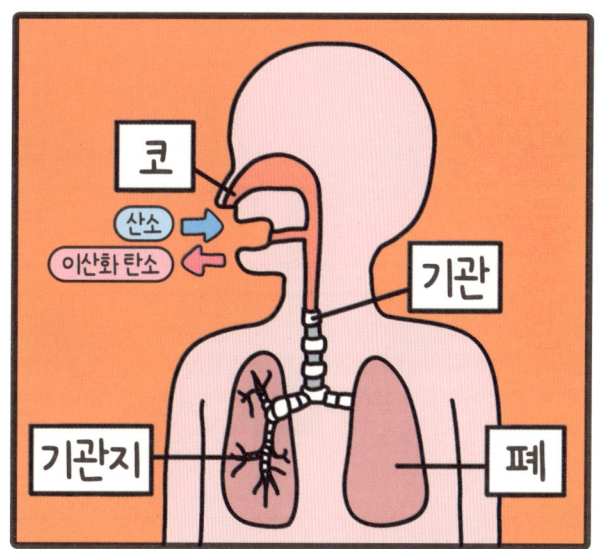

다음으로 공기는 기관이라는 통로를 지나요. 이때 노폐물과 세균이 한 번 더 걸러져요. 그다음 기관지를 거쳐 폐로 들어가지요. 기관지는 기관에서 양 갈래로 갈라져, 각 폐에 퍼져 있는 가느다란 관을 말해요.

폐는 우리 몸 양쪽 가슴에 하나씩 있어요. 수많은 폐포가 모여서 폐를 이루는데, 폐포에서 산소와 이산화 탄소가 교환되지요.

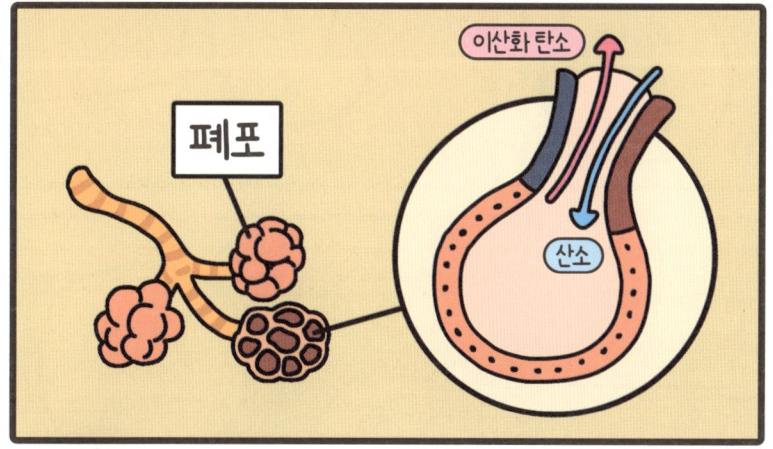

들이마신 공기 속 산소는 폐포에서 혈액으로 보내지고, 혈액 속에 있던 이산화 탄소는 폐, 기관지, 기관, 코를 거쳐 우리 몸 밖으로 내보내져요.

사람은 숨을 얼마나 참을 수 있을까?

여러분은 잠수를 해 본 적 있나요? 물속에서는 숨을 쉴 수 없어 1분을 버티기도 힘들어요. 그런데 크로아티아의 부디미르 부다 쇼바트라는 사람은 아무런 장비 없이 물속에서 무려 24분 33초 동안 숨을 참으며 세계 기록을 세웠어요. 부디미르 부다 쇼바트는 여러 해 동안 몸속의 산소를 천천히 사용하는 훈련을 했다고 해요. 이 놀라운 도전은 지진으로 피해를 입은 아이들을 도울 기금을 마련하기 위한 것이었답니다.

배설 기관

노폐물을 내보내는 곳

배설 기관: 몸속에서 생긴 노폐물을 몸 밖으로 내보내는 기관

우리 몸은 소화로 얻은 영양소와 호흡으로 얻은 산소를 이용해 살아가는 데 필요한 에너지를 만들어요. 그런데 이때 우리 몸에 필요하지 않은 물질인 노폐물도 함께 만들어져요.

노폐물이 우리 몸에 계속 쌓여 있으면 몸이 아프거나 병들게 돼요. 그래서 우리 몸은 배설 기관을 통해 노폐물을 몸 밖으로 내보내지요.

콩팥, 오줌관, 방광, 요도 등이 우리 몸의 배설 기관이에요. 콩팥은 이름처럼 콩 또는 팥 모양으로 생겼어요. 크기는 주먹만 하고, 좌우에 한 쌍이 있지요.

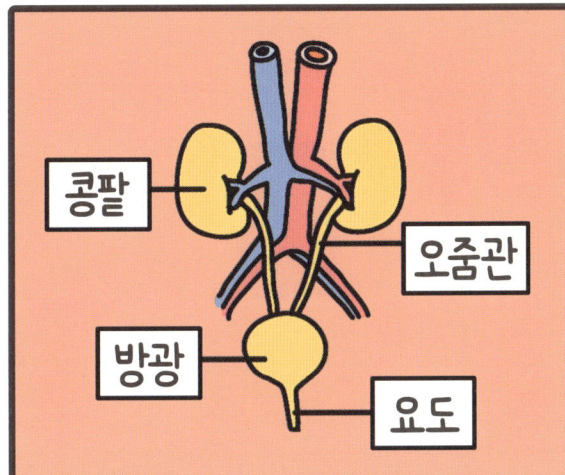

콩팥은 우리 혈액 속에 있는 노폐물을 거름종이처럼 걸러 주는 역할을 해요. 콩팥에서 걸러진 노폐물이 물과 섞여 있는 것이 여러분이 알고 있는 소변(오줌)이에요.

콩팥에서 걸러진 오줌은 오줌관을 통해 방광으로 이동해 모여 있다가 어느 정도 방광이 차면 요도를 통해 몸 밖으로 내보내져요.

 **옥쌤 과학상식 콩팥에 문제가 생기면?**

배설 기관인 콩팥이 제대로 기능하지 않으면 노폐물을 걸러 내지 못해서 몸속에 독소가 쌓여요. 그래서 콩팥 대신 노폐물을 걸러 주는 기계를 활용해 치료받아야 해요. 몸에서 혈액을 빼내서 기계에 통과시킨 다음, 노폐물을 거른 혈액을 다시 몸으로 돌려보내는 것이지요. 이것을 혈액 투석이라고 해요. 혈액 투석은 한 번에 3~5시간이 걸리고, 일주일에 3번 정도 해야 해요.

감각 기관

보고 듣고 맛보고 냄새 맡으려면?

감각 기관: 바깥의 자극을 느끼고 받아들이는 기관

우리 몸 밖의 자극을 알아차리는 것을 '감각'이라고 해요. 흔히 사람은 다섯 개의 감각인 오감을 가지고 있어요. 오감은 시각, 후각, 청각, 미각, 촉각을 의미해요.

눈은 시각을 담당해요. 눈을 통해 물체의 모양, 색깔, 명암을 알 수 있어요.

후각을 담당하는 코는 냄새를 맡아요. 코는 자극을 예민하게 느끼지만 적응도 빨라요. 그래서 향을 피운 방에서 계속 지내다 보면 더 이상 그 향이 느껴지지 않아요.

귀는 청각과 평형 감각을 담당해요. 귓속에는 달팽이관, 전정 기관 등이 있지요.

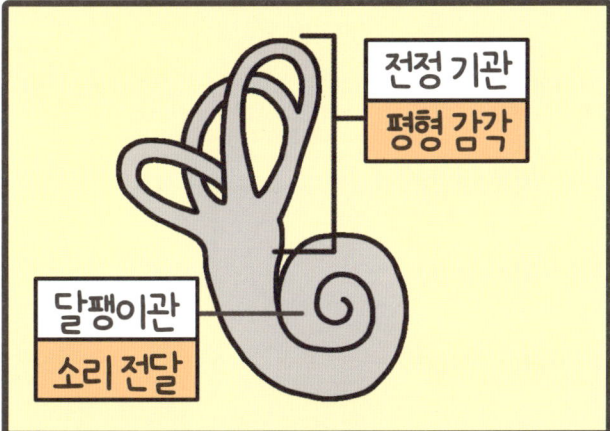

혀는 단맛, 짠맛, 신맛 등 미각을 느껴요. 더불어 음식물을 씹는 데 도움을 주고 발음할 때도 중요한 역할을 하지요.

피부로는 부드럽거나 까칠까칠한 느낌, 차갑거나 뜨거운 온도, 날카로운 것에 찔릴 때의 통증 등을 느껴요. 한편 '맵다'라고 느끼는 것은 혀가 아니에요. 매운 것은 피부에서 느끼는 통증과 비슷한 촉각이지요.

이렇게 여러 자극을 받아들이는 눈, 코, 귀, 혀, 피부 등을 감각 기관이라고 불러요.

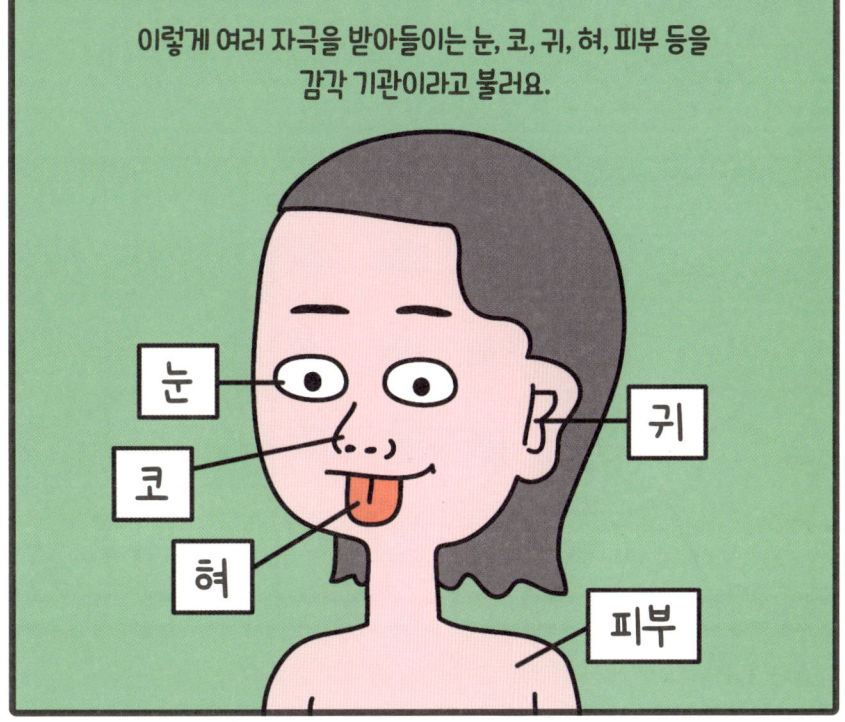

신경계
번개처럼 빨리 전달한다고?

신경계: 자극과 정보 등을 몸의 각 부분으로 전달하는 기관

신경계는 감각 기관에서 받아들인 자극을 우리 몸 곳곳으로 전달해 반응할 수 있게 해 줘요. 신경계는 뇌와 척수, 말초 신경계로 이루어져 있어요.

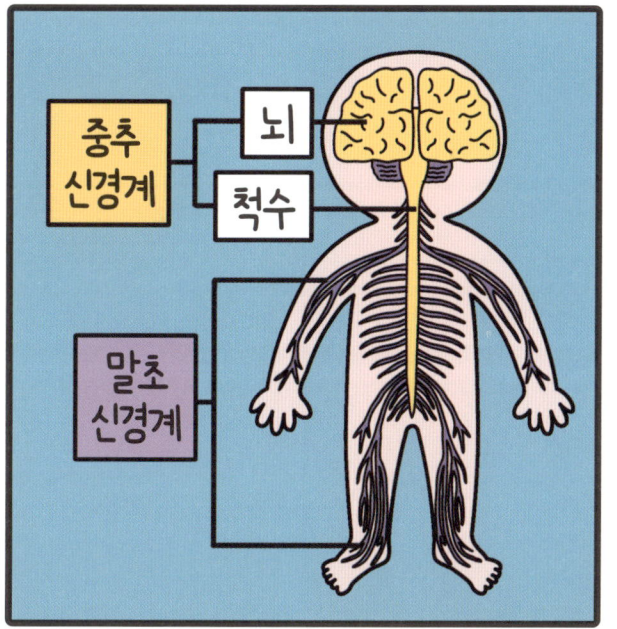

뇌는 우리 머리의 두개골 속에 있어요. 자극을 분석하고 판단하여 명령을 내리는 역할을 하지요. 척수는 척추뼈 속에 있는데, 말초 신경을 뇌와 연결하는 역할을 해요. 뇌와 척수를 합쳐 중추 신경계라고 하지요.

말초 신경계는 온몸에 퍼져 있어요. 자극과 정보를 근육이나 몸 곳곳에 있는 기관에 전달하는 역할을 하지요.

예를 들어, 피구할 때를 떠올려 볼까요? 감각 기관인 눈은 피구 공이 날아오는 것을 봐요. 이 시각 자극은 신경계를 통해 뇌에 전달돼요.

뇌는 우리 몸이 날아오는 공에 어떻게 반응할지 결정해서, 몸을 움직이도록 근육에 명령을 내려요.

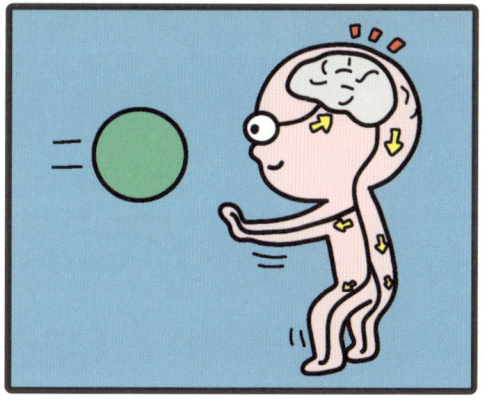

뇌가 내린 명령을 신경계가 팔다리의 근육에 전달해요. 그래서 몸을 움직여 공을 받거나 피하게 되는 거랍니다. 이 모든 과정이 아주 빠르게 일어나지요.

옥쌤 과학상식 — 아인슈타인의 뇌를 훔쳤다고?

1955년 4월 18일, 천재 과학자 알베르트 아인슈타인이 죽자 토머스 하비라는 뇌 과학자가 아인슈타인의 뇌를 꺼내 가져갔어요. 천재의 뇌는 어떻게 다른지 연구하고 싶어 이런 일을 벌인 거예요. 토머스 하비는 아인슈타인의 뇌 사진을 수십 장 찍은 다음, 뇌를 240조각으로 잘라 보관했어요. 그리고 아인슈타인의 뇌는 평균보다 작으며, 추상적인 생각을 담당하는 부분이 좀 더 복잡하게 생겼다는 걸 알아냈지요. 하지만 유족의 허락 없이 뇌를 훔쳐 벌인 연구였기 때문에 많은 비난을 받았어요.

정형외과·신경과

몸이 잘 움직이지 않는다면?

정형외과: 근육이나 뼈 등의 기능 이상을 치료하는 의학 분야
신경과: 신경계와 관련된 질병을 다루는 의학 분야

우리 몸에 문제가 생겨 어떤 기관이 제대로 활동하지 않아 고통을 느끼게 되는 것을 '질병'이라고 해요.

질병이 생기면 병원에 가서 치료해야 하는데, 아픈 부위나 증상에 따라 방문할 병원이 달라져요. 병원마다 전문적으로 진료하는 부분이 다르기 때문이에요.

몸이 제대로 움직이지 않을 때는 어느 병원을 가야 할까요? 뼈나 근육 같은 운동 기관에 문제가 생겼을 수도 있고, 운동 기관에는 이상이 없지만 뇌에서 내린 명령을 운동 기관에 전달해 주는 신경계에 이상이 생겼을 수도 있어요.

뼈가 부러졌거나 근육이나 관절에 상처를 입었을 경우, 찾아야 할 병원은 정형외과예요.

정형외과에서는 진찰과 엑스레이 촬영 등을 통해 질병의 원인을 알아내고, 깁스라고 부르는 석고 붕대법이나 수술 등을 통해 치료하지요.

뇌가 몸에 명령을 제대로 내릴 수 없거나, 뇌에서 보낸 정보가 몸의 기관으로 전달이 되지 않는다면 신경과를 찾아야 해요.

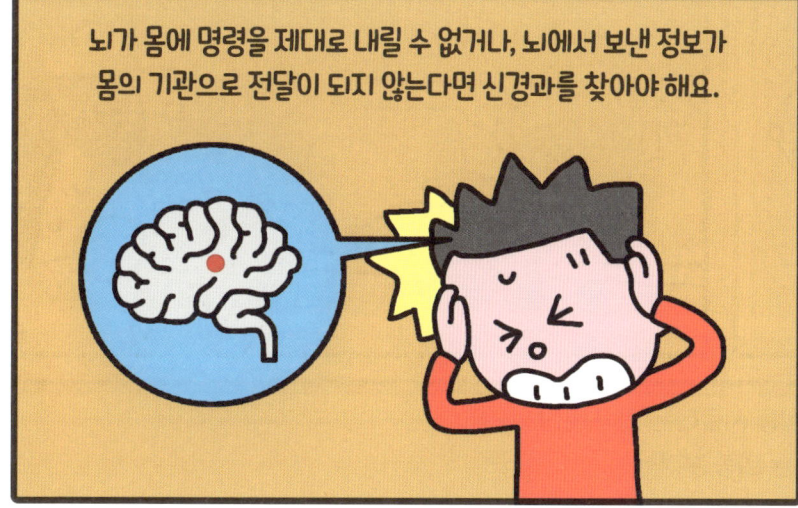

신경과에서는 뇌에 문제가 생겨 발생하는 마비, 뇌출혈 등을 치료해요. 말초 신경은 근육 곳곳에 퍼져 있기 때문에, 근육과 관련된 질환을 신경과에서 다루기도 해요.

내과

가장 많이 가는 병원

내과: 내장의 기관에 생긴 병을 되도록 약 등으로 치료하는 의학 분야

우리 가슴이나 배 안에 있는 기관에 문제가 생겼을 때 찾는 병원을 내과라고 해요. 그런데 내과도 어느 기관에 생긴 질병을 치료하는지에 따라 더 자세하게 나누어져요.

만약 식도, 위, 작은창자, 큰창자 같은 소화 기관에 문제가 생겨 소화가 잘되지 않거나 설사를 한다면 소화기 내과를 찾아가야 해요.

호흡 기관인 폐나 기관지 등에 문제가 생겨 숨쉬기가 힘들거나 기침을 한다면 호흡기 내과를 찾아야 해요.

콜록콜록! 기침이 자꾸 나와!

심장에 통증이 있거나 혈관이 좁아지는 등의 문제가 생기면 순환 기관을 치료하는 순환기 내과에 찾아가야 하고요.

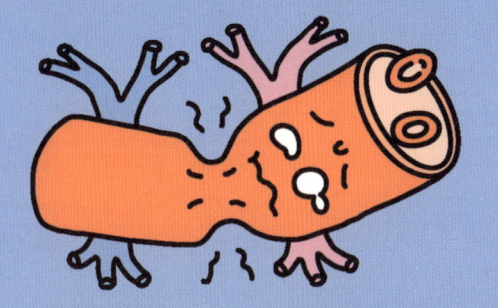

배설 기관인 콩팥에 문제가 생겨 노폐물을 잘 배출하지 못하거나, 소변에 당분이 섞여 나오는 당뇨병에 걸리면 신장 내과를 찾아가야 해요. 콩팥을 신장이라고도 부르거든요.

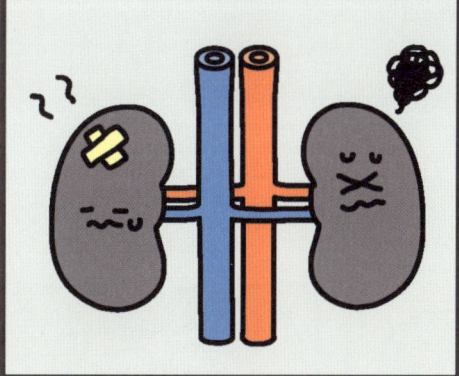

아픈 곳에 따라 알맞은 병원을 찾아가면 더 정확한 치료를 받을 수 있으니 잘 기억해 두는 게 좋겠죠?

옥쌤 과학상식 — 어린이를 위한 내과가 따로 있다고?

어린이나 청소년은 신체 발달이 이루어지는 시기이기 때문에 어른과 같은 질병에 걸렸더라도 증상이나 치료 방법이 다를 수 있어요. 그래서 신생아부터 청소년까지의 환자를 전문적으로 진찰하고 치료하는 소아 청소년과가 따로 있지요. 특히 소아 청소년과는 성장 과정에서 발생할 수 있는 문제를 미리 발견해서 예방하고, 질병이 오랜 기간에 걸쳐 어떻게 영향을 미치는지 연구해요.

안과·이비인후과·피부과·치과

감각 기관에 질병이 생기면?

안과 : 눈에 관계된 질병을 연구하고 치료하는 의학 분야
이비인후과 : 귀, 코, 목구멍, 기관, 기관지 등의 병을 전문적으로 치료하는 의학 분야
피부과 : 피부에 관한 모든 병을 연구하고 치료하는 의학 분야
치과 : 치아와 입안의 기관, 치아와 연결된 턱이나 얼굴 등의 질병을 치료하는 의학 분야

눈, 코, 귀, 혀, 피부는 모두 감각 기관이지만 치료를 받는 병원은 각기 달라요.

눈에 생긴 질병을 치료하기 위해서는 안과를 찾아가야 해요. 안과의 안(眼)은 '눈'을 뜻하는 단어거든요.

시력이 나빠지거나 눈병에 걸렸을 때, 눈꺼풀에 생기는 염증인 다래끼가 났을 때 안과를 찾아야 해요.

이비인후과의 이(耳)는 '귀'를, 비(鼻)는 '코'를 의미해요. 인후(咽喉)는 '목구멍'을 뜻하고요.

그래서 귀에 통증이 있거나 콧물이 나오고 목이 아플 때 이비인후과를 찾아가는 거랍니다.

피부과는 말 그대로 피부에 문제가 생기면 찾는 병원이에요. 여드름이나 아토피 등 피부염뿐만 아니라 머리카락, 손톱과 발톱 관련 질환도 피부과에서 치료해요.

치과는 이에 충치가 생기거나 잇몸이 아플 때 가요. 턱관절에 이상이 생기거나 치아가 고르게 나지 않아서 교정을 해야 할 때도 치과에 가지요.

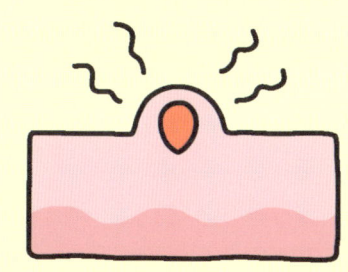

양치질을 잘하자!

옥쌤 과학상식 — 몸이 천 냥이면 눈은 구백 냥이라고?

우리나라에서 전해 내려오는 말 중에 '몸이 천 냥이면 눈이 구백 냥'이라는 속담이 있어요. 우리 몸에서 눈이 얼마나 중요한지를 강조하는 말이지요. 그런데 스마트폰, 컴퓨터, 텔레비전 등을 과하게 봐서 시력이 나빠지는 사람들이 많다고 해요. 눈 건강을 지키기 위해 화면과 눈 사이의 거리를 적절히 유지하고, 오랜 시간 화면을 볼 경우 20분마다 20초 동안 먼 곳을 바라보며 눈을 쉬게 해 주세요. 또한 규칙적으로 안과를 방문해 시력 검사를 하는 것도 필요하답니다.

교과 연계	
3학년 2학기 과학	01. 동물의 생활
4학년 2학기 과학	01. 식물의 생활
5학년 1학기 과학	04. 다양한 생물과 우리 생활
5학년 2학기 과학	01. 생물과 환경
6학년 1학기 과학	04. 식물의 구조와 기능

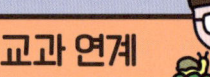

4장
다양한 생물과 환경

생물·비생물 요소 | 생산자·소비자·분해자 | 버섯 | 미생물 | 세균·바이러스 | 공생 | 기생 | 먹이 사슬·먹이 그물 | 생태계 평형 | 토종·외래종 | 생물 다양성 | 멸종 | 생체 모방 기술

모든 생명체는 지구 환경 속에서 서로 영향을 주고받아요. 그 어떤 생명체도 혼자서 생명을 유지해 나갈 수 없지요. 물, 공기, 흙과 같은 환경에서부터 눈에 보이지 않는 세균과 바이러스, 그리고 갖가지 특이한 동식물들이 각각 어떤 역할을 하며 서로 연결되는지 살펴봐요. 그러면 우리 지구에 가득한 다양성의 아름다움에 눈뜨게 될 거예요!

생물·비생물 요소
생태계를 이루는 것

생물 요소: 생명을 가지고 스스로 생활 현상을 유지하여 나가는 식물, 동물, 균류 등의 물체
비생물 요소: 흙, 물, 햇빛, 공기처럼 생물이 아닌 환경

생물은 생명을 가지고 스스로 생활해 가는 것들을 의미해요. 앞에서 배운 동물과 식물이 모두 생물이지요.

생물은 여러 기준에 따라 분류할 수 있어요. 양분을 얻는 방법을 기준으로 하면 소비자, 생산자, 분해자로 분류돼요.

또는 특성에 따라 생물을 크게 5개로 분류할 수 있어요.
식물계, 동물계, 진균계, 원생생물계, 원핵생물계지요.

식물계	광합성으로 양분을 만드는 생물
동물계	다른 생물을 먹어 양분을 얻는 생물
진균계	버섯, 곰팡이, 효모 등의 생물
원생생물계	핵이 있고, 대부분 하나의 세포로 이루어진 생물
원핵생물계	핵이 없고, 하나의 세포로 이루어진 생물

비생물 요소는 생물이 아닌 환경을 뜻해요. 공기, 돌, 바람, 물, 모래, 온도, 빛 등이 비생물 요소지요. 한 지역에서 서로 영향을 주고받는 생물 요소와 비생물 요소를 통틀어 생태계라고 해요.

비생물 요소는 생물이 살아가는 데 아주 큰 영향을 줘요. 예를 들어 땅이나 물은 생물이 살아가는 안식처예요. 햇빛이 얼마나 비추느냐에 따라 생물이 자라는 속도가 차이 나고, 공기 속 산소가 얼마나 있느냐에 따라 생물의 크기가 달라지기도 해요.

지구의 온도가 높아져 멸종하는 생물도 있어.

기후와 날씨도 중요한 비생물 요소 중 하나여서 생물에게 많은 영향을 줘요. 그래서 전 세계 사람들이 지구의 온도가 높아지는 것을 걱정하고 있지요.

생산자·소비자·분해자
생물의 다양한 역할

생산자: 식물처럼 스스로 양분을 만드는 생물체
소비자: 스스로 양분을 만들지 못하고 다른 생물을 통하여 영양분을 얻는 생물체
분해자: 죽은 생물이나 동물의 배설물 등을 분해하여 양분을 얻는 생물체

생물이 살아가기 위해서는 양분이 필요해요. 그런데 생물마다 양분을 얻는 방법이 달라요.

양분을 얻는 방법에 따라 여러 생물을 생산자, 소비자, 분해자로 구분해요.

생산자는 식물인 벼, 옥수수, 장미처럼 광합성을 통해 스스로 양분을 만드는 생물이에요.

빛과 이슬을 먹고 살지.

소비자는 스스로 양분을 만들 수 없기 때문에 다른 생물을 먹어서 양분을 얻는 생물이에요. 토끼, 코끼리, 여우, 호랑이 같은 동물들이 소비자지요.

먹이가 필요해!

분해자는 죽은 생물이나 동물의 배설물을 분해해서 양분을 얻는 생물이에요. 분해자에는 세균, 곰팡이, 버섯 등이 있어요.

생산자, 소비자, 분해자는 서로서로 영향을 주며 생태계 속에서 조화롭게 살아가고 있어요.

 지렁이의 똥으로 농사를 짓는다고?

식물을 잘 키우기 위해서는 비료가 필요해요. 그런데 인간이 만들어 낸 화학 비료는 환경뿐만 아니라 우리 몸에도 좋지 않아요. 그래서 화학 비료 대신 지렁이의 배설물을 비료로 이용해 농사를 짓기도 해요. 생태계의 분해자 중 하나인 지렁이는 음식물 쓰레기를 먹고 배설물을 내보내요. 분변토라고도 부르는 지렁이의 배설물은 양분이 많아서 최고급 비료로 쓰여요. 또한 지렁이는 땅속을 움직여 다니면서 공기를 공급해 주어, 식물이 잘 자라게 하는 이로운 역할을 한답니다.

버섯
동물도 식물도 아닌 생물체

버섯: 생태계의 분해자로, 주로 그늘진 땅이나 썩은 나무에서 자라는 생물체

여러 음식에 재료로 쓰이는 버섯은 동물일까요, 식물일까요? 정답은 '동물도 아니고 식물도 아니다'입니다.

버섯은 광합성을 통해 스스로 양분을 얻지 못해서 식물이라고 할 수 없어요. 그리고 스스로 움직이지 못해서 동물이라고 할 수도 없어요.

버섯은 균류에 속해요. '균사'라는 가늘고 긴 실 모양의 세포로 이루어져 있고, '포자'라는 세포로 번식하지요.

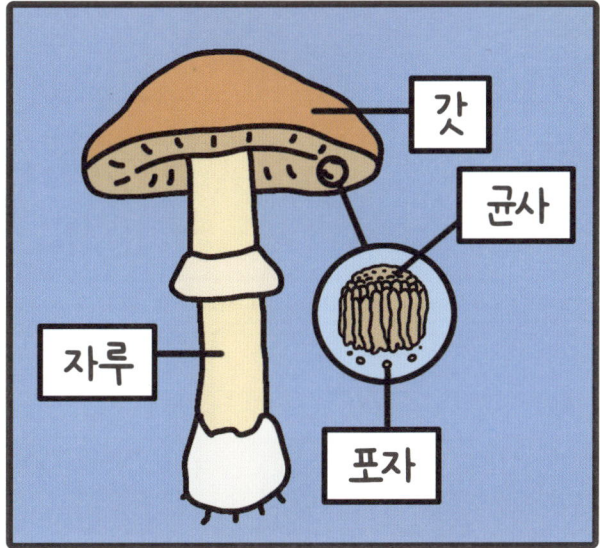

버섯은 나무껍질이나 낙엽, 죽은 동물이 있는 곳에서 자라요. 죽은 생물을 작은 조각으로 분해해 점점 더 썩게 해서 땅을 기름지게 만들지요.

죽은 생물을 분해해 양분을 얻기 때문에, 버섯은 분해자예요.

우리는 반찬으로 흔히 버섯을 먹지만, 모든 버섯을 먹을 수 있는 건 아니에요. 독이 있는 버섯도 있으니 산에서 아무 버섯이나 함부로 만지거나 먹으면 안 돼요.

 **옥쌤 과학상식** ## 겨울엔 곤충, 여름엔 버섯?

'동충하초'라는 버섯이 있어요. 이름의 뜻 그대로 겨울에는 곤충, 여름에는 버섯인 생물이에요. 겨울에 균류가 나방의 번데기나 매미, 벌, 개미, 딱정벌레 같은 곤충에 자리를 잡아요. 균류는 점점 밖으로 자라나면서 곤충을 죽이고 버섯이 돼요. 이렇게 곤충에 기생하는 버섯인 동충하초는 옛날부터 약재로 많이 사용했어요. 전 세계에서 300~400종의 동충하초가 발견되었답니다.

미생물

너무너무 작아서 보이지 않는 생명체

미생물: 아주 작아 눈으로는 볼 수 없는 생물

우리는 꽃이나 고양이 등 많은 생물을 맨눈으로 볼 수 있어요. 하지만 크기가 아주 작아 맨눈으로는 볼 수 없는 생물들이 있어요.

미생물

이렇게 아주 작아서 맨눈으로 볼 수 없는 생물을 미생물이라고 해요. 생물 앞에 작다는 의미의 '미(微)'를 붙인 거죠.

미생물은 물체를 확대해서 보여 주는 현미경을 사용해서 봐야 해요. 과거에는 미생물의 존재를 몰랐지만, 17세기에 현미경이 발달하면서 미생물의 존재가 알려졌어요.

우리 주변, 심지어 우리 몸속에는 수많은 미생물이 있어요. 세균, 바이러스, 곰팡이 등이 미생물에 속하지요.

김치나 치즈 같은 발효 식품을 만드는 미생물, 식물을 잘 자라게 해 농사를 돕는 미생물처럼 유익한 미생물도 있고, 음식을 상하게 하거나 감기 같은 병을 일으키는 해로운 미생물도 있어요.

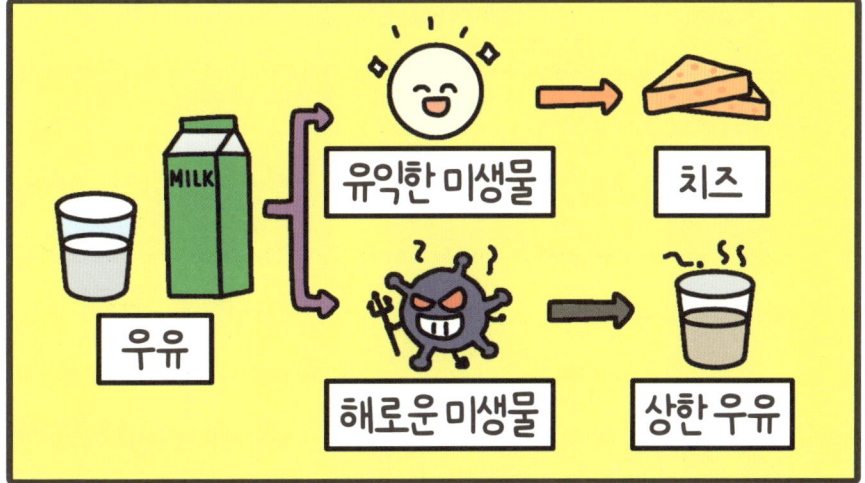

버섯도 미생물이라고?

버섯은 맨눈으로 볼 수 있어요. 그래서 미생물이 아니라고 생각할 수 있지요. 미생물이라면 크기가 매우 작아 현미경 등을 이용해야 볼 수 있는 생물이라고 알고 있으니까요. 하지만 과학자들은 균류에 속하는 생물을 미생물로 분류하기로 했어요. 그래서 균류인 버섯은 크기가 커도 미생물에 속해요. 또한 미생물에 속하는 세균은 대부분 맨눈으로 볼 수 없지만, 최근 길이가 2센티미터나 되는 커다란 세균이 발견되었어요. 미생물이라고 모두 눈으로 볼 수 없을 정도로 작은 건 아니랍니다.

세균·바이러스
작지만 무시할 수 없는 것

세균 : 단순한 구조의 세포 하나로 이루어진 미생물
바이러스 : 동물, 식물, 세균처럼 살아 있는 세포에 기생하는 미생물

세균과 바이러스는 모두 맨눈으로 볼 수 없는 미생물이에요. 하지만 둘은 여러 가지 차이점이 있어요.

세균은 보통 2마이크로미터(0.002밀리미터) 정도의 크기예요.

"세균을 박테리아라고도 부르지."

바이러스는 세균의 50분의 1에서 100분의 1 크기 정도로 훨씬 더 작아요.

세균은 혼자서 살아갈 수 있고 스스로 수를 늘릴 수 있어요. 하지만 바이러스는 다른 생물의 세포 속에 들어가야만 살 수 있어요. 수를 늘리는 일도 그렇지요.

"바이러스는 동식물과 세균에 기생하지!"

세균 중에는 질병을 일으키는 해로운 세균도 있지만, 소화를 돕는 유산균처럼 우리에게 이로운 세균도 많아요.

"나는 장 건강을 지키는 유산균!"

쓱싹   쓱싹

세균과 달리 바이러스는 대부분 인간에게 해로워요. 한 예로, 코로나바이러스가 전 세계적으로 유행하여 많은 사람의 건강이 위협받기도 했지요.

옥쌤 과학상식 | 바이러스가 자꾸 변한다고?

바이러스는 크기가 작아서 자신의 유전자를 보호하는 능력이 떨어져요. 그리고 스스로를 복제하는 과정에서 유전자가 변할 확률이 높지요. 바이러스는 환경에 따라 모습과 특성 등을 바꾸며 이전과 달라지는데, 이것을 변이라고 해요. 바이러스는 끊임없이 변이하기 때문에 치료나 예방약을 만들기 어려워요. 독감을 일으키는 인플루엔자 바이러스도 계속 변이를 하기 때문에 독감 예방 주사를 매년 맞아야 하는 것이랍니다.

공생

생물체가 사이좋게 함께 사는 것

공생: 종류가 다른 생물이 서로에게 이익을 주며 함께 사는 일

학교에서 친구들은 협동하고 도우며 생활해요. '백지장도 맞들면 낫다'라는 말처럼 함께 힘을 모으면 일을 더 잘할 수 있어요.

생태계에서도 마찬가지예요. 종류가 다른 생물들이 서로 도움을 주고받는 것을 공생이라고 해요.

생태계에서 더 잘 살아남을 수 있기 때문에 생물들은 공생 관계를 이루지요.

영화 속 '니모'라는 이름으로 잘 알려진 흰동가리는 말미잘과 공생해요.

환영해!

말미잘은 흰동가리를 숨겨서 천적이 발견하지 못하게 보호해요. 흰동가리는 말미잘을 위해 사냥감을 유인하고, 말미잘 촉수 사이사이를 청소해 줘요.

개미와 진딧물도 공생 관계예요. 개미는 진딧물의 꽁무니에서 나오는 달콤한 액체를 먹고, 개미는 진딧물을 무당벌레가 해치지 못하게 지켜 준답니다.

오늘도 함께! 공생하자!

옥쌤 과학상식 — 악어와 악어새는 공생 관계가 아니다?

악어와 악어새는 공생하는 동물의 대표적인 예로 알려져 있어요. 악어새가 악어 이빨에 낀 찌꺼기를 먹이로 삼고 악어의 입을 청소해 준다는 것이지요. 그런데 이건 사실이 아니에요. 악어는 이빨이 계속 새로 나기 때문에 찌꺼기를 공들여 제거할 필요가 없어요. 또한 이빨 사이도 넓어 찌꺼기가 많이 끼지도 않지요. 그리고 악어새는 씨앗과 열매, 벌레를 주로 먹기 때문에 악어 이빨 사이의 고기를 먹지 않아요. 오래전 그리스의 역사가가 쓴 근거 없는 이야기가 널리 퍼지며 생긴 오해라고 해요.

기생

다른 생물의 양분을 빼앗아 사는 것

"사랑아, 얼굴이 왜 그러니?"

"어젯밤에 모기한테 물렸어요."
"열은 없는 걸 보니 말라리아는 아니야."

"말라리아요? 열대 지역에서만 걸리는 병 아니에요?"

"최근 학교 주변에서 말라리아를 옮기는 모기가 발견됐다는구나."

"말라리아를 옮기는 모기가 따로 있어요?"

"말라리아 원충이라는 생물에 감염된 모기가 문제야. 그런 모기에 물리면 우리 몸속에 말라리아 원충이 옮겨 와서 살며 우리를 아프게 한단다."

"내 몸에 살게 해 주는데 병을 준다고요? 정말 나쁘네요!"

기생: 서로 다른 종류의 생물이 함께 생활하는데, 한쪽이 이익을 얻고 다른 쪽이 해를 입는 생활 형태

서로 다른 생물이 함께 생활하는데, 한쪽만 이익을 얻고 다른 쪽은 피해를 보는 관계를 기생이라고 해요.

이때 다른 생물에 붙어 이익을 보며 사는 생물을 기생 생물, 기생당하는 생물을 숙주라고 하지요.

기생 생물은 숙주인 다른 생물의 양분을 빼앗아 먹으며 살아가요. 심한 경우, 숙주의 생명을 해치기도 해요.

사람의 소화 기관에 기생하는 회충, 개와 고양이의 심장이나 혈관에 기생하며 목숨을 위협하는 심장사상충, 식물에 붙어 양분과 수분을 빨아 먹는 진딧물 등이 기생 생물이에요.

기생 생물이나 기생 생물의 알이 든 음식을 먹으면 기생 생물이 몸에 들어와 자리를 잡아요. 그러면 몸속의 기생 생물을 죽이는 약을 먹거나, 수술을 해서 기생 생물을 빼내야 해요.

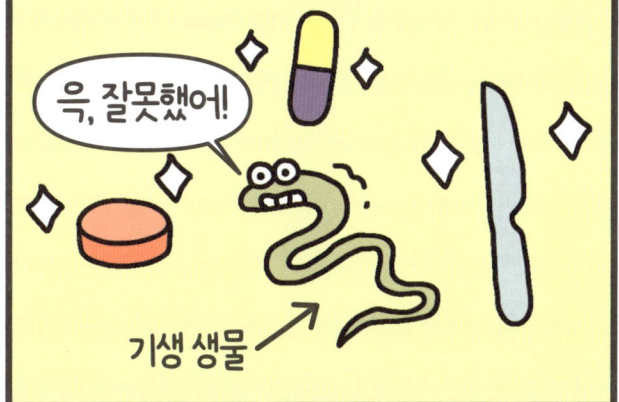

기생충을 예방하려면?

기생충은 대부분 입이나 피부를 통해 우리 몸에 들어와요. 따라서 기생충을 예방하기 위해서는 음식을 신경 써서 먹고, 주변을 위생적으로 관리해야 해요. 기생 생물은 높은 온도에서 살 수 없기 때문에 고기나 생선 등은 잘 익히고, 과일과 채소는 깨끗이 닦아 먹어야 해요. 또한 음식을 먹기 전이나 외출에서 돌아온 후에는 반드시 손을 깨끗이 씻어야 해요. 반려동물이 있다면 기생충에 감염되지 않도록 관리해 주어야 하지요.

먹이 사슬·먹이 그물
얽히고 얽혀 있는 생물들

먹이 사슬: 생태계에서 먹이를 중심으로 이어진 생물 간의 관계
먹이 그물: 여러 생물의 먹이 사슬이 가로세로로 얽혀서, 그물처럼 복잡하게 이루어져 있는 먹이 관계

메뚜기는 양분을 얻기 위해 벼와 같은 식물을 먹어요. 식물은 메뚜기의 먹이인 셈이죠.
그런데 메뚜기는 쥐의 먹이가 돼요. 그리고 쥐는 다시 뱀의 먹이가 되죠. 또 뱀은 독수리의 먹이가 된답니다.
이처럼 벼-메뚜기-쥐-뱀-독수리의 순서로 먹고, 먹혀요.

이런 관계를 먹이 사슬이라고 해요. 마치 고리를 이어 만든 사슬처럼 생물 사이에 먹고 먹히는 관계가 연결되어 있다는 의미지요.

그런데 쥐는 메뚜기만 먹고 살지 않아요. 과일이나 씨앗을 먹기도 하죠. 뱀 또한 개구리나 작은 새를 잡아먹기도 해요.

메뚜기가 없으면 사과를 먹고 살면 돼!

이처럼 생물들의 먹이 관계는 하나의 사슬로만 이어지는 게 아니라, 여러 생물끼리 복잡하게 얽혀 있어요. 이것을 먹이 그물이라고 해요.

먹이 그물이 복잡할수록 안정적인 생태계야.

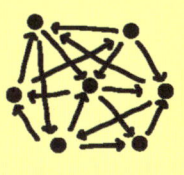

먹이 사슬의 꼭대기에 있는 사자나 독수리 같은 동물들은 천적이 없어요. 다른 생물에게 잡아먹히지는 않지만 언젠가는 죽어요. 그러면 분해자가 이들의 사체를 분해해 땅을 비옥하게 만들어요.

결국 먹이 사슬 꼭대기의 생물은 먹이 사슬 가장 밑에 있는 식물이 자라는 데 필요한 양분이 돼요.
이렇게 생태계의 순환이 일어난답니다.

생태계 평형

생태계가 잘 돌아가려면?

생태계 평형: 환경에 큰 변화가 없는 한, 생태계를 구성하는 각 생물 집단의 종류와 수 등이 거의 일정하게 유지되는 상태

평형이란 말은 저울이 어느 한쪽으로 기울어지지 않은 것처럼 안정을 이룬 상태를 의미해요.

수많은 생물이 함께 살아가는 생태계도 평형을 이루는 게 중요해요. 생태계 속 생물의 종류와 수가 급격하게 변하지 않고 안정된 상태를 유지하는 것을 생태계 평형이라고 해요.

생태계 평형이 이루어지려면 먹이 사슬이 안정적으로 이어져 순환해야 해요.

여러분이 양을 키우는 목동이라고 생각해 보세요. 매일 밤 늑대가 양을 잡아먹는다면, 늑대를 사냥해 모두 없애고 싶을 거예요. 하지만 늑대가 모두 사라지면 어떻게 될까요?

양의 수가 많이 늘어날 거예요. 그 결과 양들이 농장의 풀을 모두 먹어 풀이 빠르게 줄어들겠지요. 그럼 먹이가 부족해져서 양들이 굶어 죽기 시작할 거예요.

먹이 사슬이 깨져 생태계 평형이 무너지는 것이지요.

대개 자연은 스스로 생태계 평형을 이루지만, 사람들이 특정한 생물의 수를 함부로 조절하거나 댐이나 골프장 등을 건설해 자연에 큰 변화를 주면 생태계 평형이 무너져요.

가뭄, 홍수, 산불 같은 자연재해 또한 생태계에 큰 변화를 주어 평형을 무너트리기도 하지요.

생태계가 복원되려면 수십 년이 걸려!

토종·외래종

원래 있었거나, 다른 곳에서 왔거나

토종: 본디부터 그곳에서 나는 씨나 품종
외래종: 다른 나라에서 들어온 씨나 품종

동물원이나 수족관, 식물원에 가면 원래 우리나라에 살지 않았던 동물과 식물을 볼 수 있어요. 지구 반대편에서 자라는 생물도 찾을 수 있지요.

이처럼 원래 서식지가 아닌 곳에서 살아가는 생물을 외래종이라고 해요. 나라 간 무역이 많아지며 우연히 생물이 이동하거나, 사람들이 특별한 목적을 위해 들여온 것이지요.

토종은 본디부터 그 지역에서 나서 적응하며 사는 생물을 뜻해요. 우리나라 토종 생물에는 상괭이, 고라니, 바늘엉겅퀴 등이 있어요.

상괭이   고라니   바늘엉겅퀴

외래종이 사람의 통제를 벗어나 야생에서 번성하면 큰 문제가 생겨요. 원래 생태계에 영향을 주고 심한 경우 토종 생물을 멸종시키기도 하지요.

한 예로, 제주도에 늘어난 외래종 사슴이 토종 노루의 서식지를 빼앗고 보호 식물을 먹어 치우는 문제가 생기기도 했어요.

토종 씨앗을 지키는 게 중요하다고?

토종 씨앗은 최소 30년 이상 우리 땅에서 자라 온 씨앗을 말해요. 오랜 시간 동안 우리 땅의 환경과 기후에 적응해 왔기 때문에 병과 해충에 강하고 환경이 조금 변해도 잘 살아남아요. 농민들이 매해 씨앗을 심고, 열매로 길러 다시 씨앗을 받는 과정을 반복하며 보존한 자산이라고 할 수 있지요. 토종 씨앗은 우리에게 다양하고 건강한 먹거리를 줘요. 이런 씨앗을 농민들이 계속 받아 쓸 수 있는 권리를 갖고 있어야 안정적으로 농사를 지을 수 있어요. 그래서 토종 씨앗을 지키기 위한 노력이 필요하답니다.

생물 다양성

다양할수록 튼튼한 생태계

생물 다양성 : 지구상에 존재하는 생명 전체. 생물종, 유전자, 각 생태계 간의 특성이 여러 가지로 많은 것

지구에 사는 생물은 몇 종이나 될까요? 과학자들은 약 1,500만 종의 생물이 있을 것으로 예상해요. 이 중에 약 160만 종만 우리에게 알려져 있어요.

이렇게 지구상에 존재하는 생물종이 다양한 것을 '생물 다양성'이라고 해요. 유전자와 생태계가 다양하다는 뜻이기도 하지요.

그렇다면 생물은 왜 다양해야 할까요? 자연에서 생물들은 서로서로 영향을 주며 살아가요. 따라서 어느 한 생물이 사라지면 도미노가 쓰러지듯 다른 생물의 삶도 위태로워져요.

많은 종류의 생물이 촘촘하게 서로 연결되어 살아야 안정적인 생태계를 이룰 수 있어요. 큰 변화가 있어도 더 잘 대응할 수 있고요.

거미줄은 줄이 많을수록 튼튼해요. 군데군데 줄이 끊어져 있으면 약해지지요. 지구 생태계도 똑같아요. 생물종이 많을수록 안정을 이룬답니다.

그런데 인간의 활동으로 생물 다양성이 줄고 있어요. 이 말은 사라지는 생물이 많아지고 있다는 뜻이에요.

생물 다양성 감소 원인

서식지 파괴 / 외래종 도입 / 지구 온난화 / 환경 오염

세계 여러 나라들은 생물 다양성을 지키기 위해 1992년에 생물 다양성 협약을 발표했어요. 그리고 협약이 발표된 5월 22일을 '국제 생물 다양성의 날'로 정해 기념하고 있답니다.

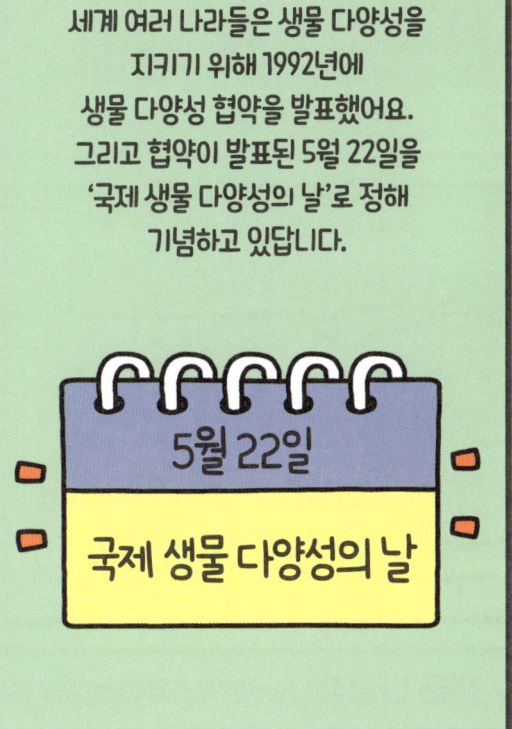

5월 22일 국제 생물 다양성의 날

멸종
앞으로 다시 볼 수 없다고요?

멸종: 생물의 한 종류가 지구상에서 완전히 사라져 버리는 것

생물의 한 종류가 지구상에서 완전히 없어지는 것을 멸종이라고 해요.

이미 멸종되어 지금은 볼 수 없는 생물에는 대표적으로 공룡이 있어요. 지금으로부터 약 6,500만 년 전, 지구의 환경이 크게 변하며 공룡은 멸종했지요.

그런데 오늘날, 생물의 멸종 속도가 인간의 활동 때문에 1,000배나 빨라졌다고 해요. 환경을 파괴하고 무분별하게 사냥을 하기 때문이에요.

국제 자연 보호 연맹에서 발표한 적색 목록(Red List)은 아홉 단계로 생물의 멸종 위기 등급을 분류해요.
세계 여러 나라가 적색 목록을 참고해 생물들의 멸종을 막으려 노력하고 있지요.

멸종 · 야생멸종 · 위급 · 위기 · 취약 · 준위협 · 관심대상 · 정보부족 · 평가불가

우리나라 환경부는 멸종 위기 야생 생물을 지정해 특별히 보호하고 있어요. 반달가슴곰, 산양, 수달, 표범 등의 동물과 금자란, 노랑붓꽃, 만년콩 등의 식물이 지정돼 있지요.

멸종된 동물을 다시 살려 낸다고?

과학 기술이 발달하며 멸종된 동물을 되살리기 위한 연구가 진행되고 있어요. 멸종된 동물의 유전자가 남아 있다면, 유전자 복제 기술로 멸종 동물을 되살려 낼 가능성이 있거든요. 예를 들어 오래전에 멸종된 매머드는 꽁꽁 언 미라 모습으로 발견됐어요. 유전자가 잘 보존되어 있어서 복원 연구를 하기에 좋은 상태였지요. 태즈메이니아 주머니늑대라는 동물도 1936년에 멸종했는데, 멸종한 지 얼마 되지 않아 유전자 표본이 잘 남아 있어요. 과학자들은 이런 동물을 복원하기 위해 열심히 노력하고 있답니다.

생체 모방 기술

좋은 점을 본받아 활용해요!

생체 모방 기술 : 생명체가 가진 다양한 기능과 특성을 모방해서 이용하는 기술

생물이 가진 다양한 기능과 특성을 본떠 인간 생활에 활용하는 것을 생체 모방 기술이라고 해요.

생물들은 자연에서 살아남기 위해 특별한 능력을 길러 왔어요. 그래서 생물을 잘 관찰하면 우리 삶을 편리하게 만들어 줄 아이디어를 얻을 수 있지요.

단풍나무의 씨앗은 날개가 있어서 빙글빙글 돌며 공중에 오래 머물러 있을 수 있어요. 이 모습을 본떠 헬리콥터의 프로펠러를 발명했어요.

수영할 때 사용하는 오리발은 오리의 물갈퀴에서, 전신 수영복은 상어의 비늘에서 아이디어를 얻어 만들었다고 해요.

흔히 '찍찍이'라고도 부르는 벨크로는 옷에 잘 달라붙는 우엉 열매를 보고 발명했답니다.

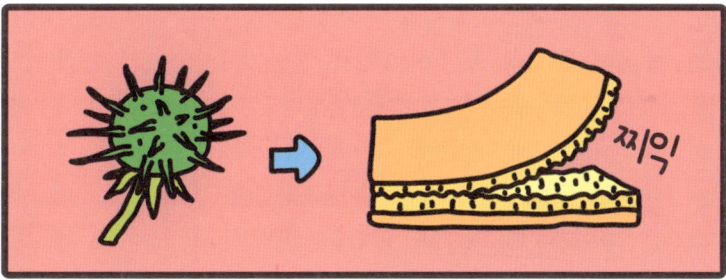

 **옥쌤 과학상식** ## 생물을 본떠서 만든 로봇

과학자들은 로봇을 개발할 때 생물에게서 많은 영감을 얻어요. 특히 로봇의 동작을 자연스럽고 안정적으로 만들기 위해 동물의 구조나 운동 방법을 연구해 참고하지요. 하늘이나 물속, 땅속 같은 특정한 환경에서 오래도록 살며 적응한 동물들은 어떻게 움직여야 가장 좋은지 알아요. 이런 움직임을 관찰해 로봇에 적용하면, 인간이 가기 힘든 곳에 로봇을 보내 탐사할 수 있고 재난 현장 등 위험한 곳에서도 문제를 해결할 수 있을 거예요.

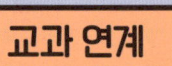

교과 연계

3학년 1학기 과학 04. 지구의 모습

3학년 2학기 과학 02. 지표의 변화

4학년 1학기 과학 01. 지층과 화석

4학년 2학기 과학 04. 화산과 지진

5학년 1학기 국어 08. 아는 것과 새롭게 안 것

5장
지구의 모습

지구 | 지표 | 암석 | 풍화 작용 | 침식 작용 | 지층 | 화석 | 화산 | 마그마·용암 | 지진 | 동굴 | 자연재해

우리 지구의 표면은 길고 긴 세월 동안 천천히, 아주 천천히 변해 왔어요. 물과 공기, 땅의 힘 등이 지구의 모습을 조금씩 바꾸고 있지요. 해안가의 멋진 절벽과 동굴, 백두산과 한라산 꼭대기의 호수 등이 이런 자연의 힘으로 만들어진 지형이에요. 우리가 사는 지구 곳곳을 샅샅이 관찰하러 함께 떠나 볼까요?

지구

하나밖에 없는 우리의 보금자리

지구: 태양에서 셋째로 가까우며 인류가 사는 행성

우리가 살고 있는 지구는 태양계에 속해 있어요. 태양에서 세 번째로 가까운 위치에 자리 잡고 있지요. 지구의 나이는 약 46억 년이에요.

지구는 지각, 맨틀, 핵으로 이루어져 있어요. 지각은 지구의 가장 바깥쪽에 있고, 대륙과 해양 지역에 따라 두께가 달라요.

대륙 지각 10~60Km
해양 지각 5~10Km
맨틀

맨틀은 지각과 핵 사이에 있는 부분이에요. 맨틀은 두께가 약 2,900킬로미터에 이르고, 지구 부피를 80퍼센트 넘게 차지한답니다.

핵은 지구의 가장 중심에 있는 것으로, 내핵과 외핵으로 구분해요. 외핵은 금속이 녹은 액체 상태이고, 내핵은 고체 상태랍니다.

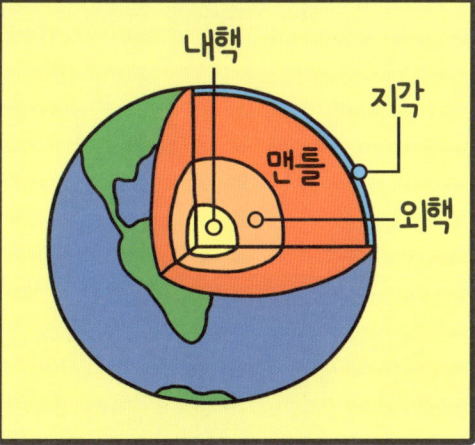

지구는 특별해요. 수많은 생물이 살고 있기 때문이지요. 다른 행성과 달리 지구에는 공기와 물이 있어 생물이 살기에 적합한 환경을 갖추었답니다.

땅을 가장 깊이 판 기록

지각을 연구하고 지하자원을 탐사하기 위해 땅속 깊이 구멍을 파기도 합니다. 지금까지 인류가 가장 깊이 구멍을 판 기록은 지하 12,345미터 정도예요. 이 구멍은 러시아의 사할린섬에 있지요. 높이 2,744미터인 백두산이 4개 반 쌓인 깊이만큼 땅을 파고들어 간 거예요. 하지만 지구 지각의 평균 두께가 30킬로미터이니 맨틀 근처에는 가 보지도 못했답니다.

지표

지구의 겉면을 이르는 말

지표: 지구의 표면

지구의 표면을 지표라고 해요.
지표는 우리가 눈으로 볼 수 있는 지구의 겉면이지요.

지구의 표면

지표는 크게 육지와 바다로 나뉘어요. 인간을 비롯한 생물이 살아가는 곳이기 때문에 지표의 특성은 생물들의 생활에 큰 영향을 준답니다.

육지는 우리가 발을 딛고 사는 땅을 뜻해요. 땅의 모양새를 지형이라고 하는데, 육지는 평야와 산, 계곡 등 지형이 다양하지요.

지구 표면의 약 30퍼센트가 육지예요. 육지의 최고점은 네팔과 티베트 사이에 있는 에베레스트산의 정상이에요.

에베레스트산
8,848미터나 된단다!

바다는 지구에서 육지를 제외한 곳으로, 짠물로 가득 채워져 하나로 이어진 넓은 부분을 말해요.

바다는 지표의 약 70퍼센트를 차지해요. 지구의 표면적은 약 5억 1,000만 제곱킬로미터인데, 바다가 3억 6,000만 제곱킬로미터를 넘지요.

바다는 육지보다 2배 넘게 넓지!

옥쌤 과학상식 | 지구의 물은 대부분 짜다고?

지표에는 엄청나게 많은 물이 있어요. 하지만 소금기가 없는 민물(담수)은 지구 전체 물의 3퍼센트 정도밖에 되지 않아요. 강이나 호수, 지하수, 빙하가 민물이지요. 나머지 97퍼센트의 물은 전부 소금기 가득한 바닷물(해수)이에요. 우리가 마실 수 있고 생활에 활용하는 물은 민물이지요. 민물은 지구에 아주 적은 양만 있기 때문에 아껴 쓰고, 물을 오염시키지 않도록 사회적으로 노력해야 해요.

암석
아주 크고 단단한 덩어리

암석 : 지각을 구성하고 있는 단단한 물질

지구의 지각은 단단한 물질로 이루어져 있어요. 우리는 이것을 암석이라고 불러요. 암석은 특징에 따라 화성암, 퇴적암, 변성암으로 나눌 수 있어요.

화성암은 마그마가 굳어 만들어진 암석이에요. 화강암, 현무암이 화성암에 속하지요. 땅속에서 마그마가 천천히 굳으면 화강암이 돼요.

북한산은 거대한 화강암으로 이루어져 있지.

용암이 지표 가까이에서 빠르게 굳으면 현무암이 돼요. 화산이 분출할 때 가스가 빠져나가고 곧바로 굳어, 구멍이 송송 뚫린 모습이지요. 제주도에서 볼 수 있어요.

퇴적암은 여러 물질이 쌓여서 만들어진 암석이에요. 쌓인 물질의 알갱이 크기에 따라 종류가 다양하지요.

화성암, 퇴적암이 땅속 깊은 곳에서 강한 압력이나 열을 받으면 성질이 변해 변성암이 돼요. 건물을 짓거나 조각상을 만들 때 쓰는 대리석이 대표적인 변성암이랍니다.

나 변했지?

옥쌤 과학상식 우리나라를 이루고 있는 암석은?

화강암은 우리나라에서 흔하게 발견할 수 있는 암석이에요. 북한산과 설악산, 금강산에 가면 거대한 화강암을 볼 수 있어요. 땅속에도 화강암이 가득해서 지하철 공사가 어려울 정도였지요. 그러나 화강암은 우리 생활에 아주 유익해요. 긴 세월에 걸쳐 잘게 부수어진 화강암은 비옥한 들판을 만들었어요. 물을 잘 모으지만 물에 녹지는 않기 때문에 지하수가 맑고 깨끗하지요. 화강암 덕분에 우리나라는 농사짓기 좋은 땅이 되었답니다.

풍화 작용

단단하고 커다란 돌이 흙이 된다?

풍화 작용: 지표를 구성하는 암석이 햇빛, 공기, 물, 생물 등의 작용으로 점차 파괴되거나 분해되는 것

암석은 땅속에 있기도 하고 밖으로 드러나 있기도 해요. 거대하고 단단해서 변함이 없을 것 같지만, 암석은 오랜 시간에 걸쳐 모양을 바꾸어요.

바깥의 영향으로 부서지거나 잘게 쪼개지기 때문이에요. 우리는 이런 현상을 풍화 작용이라고 해요.

식물의 뿌리가 자라며 바위를 쪼개기도 하고, 바위틈에 있는 물이 얼었다 녹았다를 반복하면서 바위를 부수기도 해요.

암석 틈으로 스며든 물이 얼어서 부피가 커지면 풍화가 일어나.

공기 속 산소와 물에 녹아 있는 이산화 탄소가 아주 천천히 암석을 녹이기도 하지요. 그래서 풍화 작용은 기온이나 습도 같은 기후의 영향을 많이 받는답니다.

수십, 수백만 년 동안 풍화 작용이 일어나면, 커다란 바위가 고운 모래나 흙이 될 수 있어요.

나도 한때는 거대한 암석이었어.

 **옥쌤 과학상식** 산성비 때문에 문화재가 위험하다고?

산성비는 공기 중에 있는 오염 물질이 비와 함께 내리면서 산성을 띠는 거예요. 비의 산성 성분이 문화재 표면에 닿으면 풍화 작용이 일어나요. 그러면 문화재가 점점 본래의 모습을 잃게 되지요. 특히 대리석은 산성비에 약해요. 그래서 대리석으로 지어진 그리스의 파르테논 신전은 산성비의 영향으로 조각상이 떨어져 나가는 등 피해를 입었어요. 독일 쾰른 대성당의 첨탑도 산성비와 공기 오염으로 색이 까맣게 변했답니다.

침식 작용

깎이며 모습을 바꾸는 자연

침식 작용: 비, 바람, 빙하, 강물 등의 활동으로 지표면이 점점 깎여 나가는 것

지표는 오랜 시간 동안 비, 빙하, 파도, 강물, 바람에 계속 부딪히며 점점 깎여 나가요. 이것을 침식 작용이라고 해요.

해안가 암석에 파도가 쳐서 침식 작용이 일어나면, 절벽이나 동굴이 생겨요. 모래사장의 모래가 파도에 쓸려 나가 사라지는 것도 침식 작용이에요.

침식 작용은 강의 상류에서 활발하게 일어나요. 물이 빠르게 흐르며 주변의 바위와 땅을 깎아 내리지요.

깎여 나간 암석의 알갱이나 모래, 흙은 물이나 바람을 타고 이동해요. 이것을 운반 작용이라고 해요.

운반된 물질은 일정한 곳에 쌓여요. 이것을 퇴적 작용이라고 해요. 강의 하류는 물 흐르는 속도가 느려서 퇴적 작용이 일어나기 쉬워요. 이렇게 침식-운반-퇴적 작용을 거치며 지표는 계속해서 모습을 바꾼답니다.

해수욕장이 없어지고 있다고?

때때로 침식 작용은 예상하지 못한 곳에서 빠르게 일어나기도 해요. 우리나라 인천과 부산, 동해안의 해수욕장 몇 곳은 모래사장의 길이가 급격하게 줄거나 폭이 좁아졌어요. 이러한 현상의 원인 중 하나는 지구 온난화예요. 해수면이 높아지고, 바닷물 온도가 올라가 태풍의 세력이 커지며 침식 속도가 빨라지는 것이지요. 또한 무분별한 개발로 물의 흐름이 바뀌어 생각지도 못한 곳에서 침식이 일어나기도 해요. 급격한 침식은 생태계에 혼란을 주고, 안전 문제를 일으킬 수 있기 때문에 지속적으로 해안을 관리하는 일에 힘써야 해요.

지층

암석의 멋진 줄무늬

지층: 오랜 세월 동안 자갈, 모래, 진흙 등이 쌓여 층을 이뤄 굳어진 것

생일날 케이크를 잘라 보면 빵과 크림이 여러 층으로 쌓인 걸 볼 수 있어요. 무지개떡도 여러 빛깔로 층을 이루고 있지요.

땅에서도 층을 발견할 수 있어요. 우리나라 부안군에 있는 채석강이나 제주도 용머리 해안, 미국의 그랜드 캐니언의 절벽에는 층층이 줄무늬가 있어요.

부안 채석강

지층

물이 운반한 자갈, 모래, 진흙 등의 물질은 차례차례 쌓여요. 나중에 쌓인 것들이 먼저 쌓인 물질을 누르며 층을 만들고, 오랜 시간이 지나 단단하게 굳어져요. 이것이 지층이에요.

밑에서부터 쌓이기 때문에, 변화가 없는 상태라면 아래쪽에 있는 층일수록 더 오래전에 만들어진 거예요.

지층은 층마다 알갱이의 크기, 색깔 등 특성이 다르게 나타나요. 또한 지층을 관찰하면 층이 쌓였던 때의 환경을 알 수 있답니다.

화산재

이 층이 쌓일 때 화산이 폭발했었나 봐!

지층은 강한 힘을 받아 모양이 바뀌기도 해요. 양쪽에서 미는 힘을 받으면 지층이 휘어지는데, 이것을 습곡이라고 해요.

어떤 지층은 밀거나 당기는 힘을 이기지 못해 끊어져서 서로 어긋나기도 해요. 이것은 단층이라고 불러요.

정단층 ⇐ 당기는 힘 ⇒

역단층 ⇒ 미는 힘 ⇐

화석

땅속에서 발견한 타임머신

화석: 오래전에 살았던 생물의 뼈나 흔적이 암석이나 지층 속에 남아 있는 것

사람들은 직접 본 적 없는 공룡이 지구에 살았다는 것을 어떻게 알까요? 그건 바로 공룡의 화석이 있기 때문이에요.

화석이란 아주 오래전 지구에 살았던 식물이나 동물, 그 동물의 발자국이나 배설물 등의 흔적이 암석이나 지층에 남아 있는 것을 말해요.

화석을 통해 현재는 멸종된 생물의 모습을 알 수 있어요. 또한 특정한 생물의 화석은 지층이 만들어진 시대와 환경을 알려 주기도 해요.

물론 오래전 살았던 모든 생물이 화석으로 남는 건 아니에요. 화석이 만들어지기 위해서는 여러 조건이 맞아야 해요.

오랜 세월이 흘러서까지 발견될 만큼, 화석이 만들어질 당시 그 생물의 수가 많아야 해요. 또한 딱딱한 껍데기나 뼈 같은 구조가 있어 퇴적된 층 안에서 보존될 수 있어야 하지요.

연료가 화석과 관련 있다고?

화석 연료는 화석과 마찬가지로 아주 오래전 살았던 생물이 죽어서 만들어진 거예요. 화석 연료에는 석탄, 석유, 천연가스가 있어요. 석탄은 수억 년 전에 살던 식물이 땅에 묻힌 뒤 열과 압력을 받아 만들어졌어요. 석유는 바다에 살던 생물이 땅속의 산소가 없는 상태에서 열과 압력을 받아 만들어졌다고 해요. 천연가스는 석유나 석탄이 묻힌 곳에서 분출되지요. 화석 연료는 생활 속에서 다양하게 활용되지만, 지구 온난화를 일으키기 때문에 아껴 쓰기 위해 노력해야 해요.

화산
부글부글 폭발하는 산

화산: 땅속에 있는 가스와 마그마가 지표로 분출하여 생긴 지형

땅속 깊은 곳에 있던 마그마와 암석, 가스가 지각의 갈라진 틈으로 뿜어져 나오는 현상이나 이때 나온 물질들이 쌓여 만들어진 지형을 가리켜 화산이라고 해요.

마그마와 가스 등이 나오는 곳을 분화구라고 하고, 분출된 마그마는 용암이라고 불러요.

한라산

백록담은 분화구에 물이 고여 생겼어!

화산 활동이 일어난 곳은 뜨거운 열과 화산재로 피해가 생겨요. 약 2,000년 전 베수비오 화산이 폭발해서 고대 도시 폼페이가 멸망한 일이 있어요.

으아아악!

화산은 상태에 따라 활화산, 휴화산, 사화산으로 나뉘어요. 활화산은 활동을 계속하고 있는 화산이에요. 지금 당장 화산 폭발이 일어날 수 있는 화산이지요.

휴식 시간이야.

활화산　휴화산　사화산

휴화산은 활동을 쉬고 있는 화산이에요. 지금 당장 폭발하진 않지만 언젠가 다시 활동을 시작할 수도 있어요. 사화산은 활동을 완전히 끝낸 화산이에요. 사화산에서는 폭발이 일어나지 않아요.

 **옥쌤 과학상식** ## 자연이 만들어 낸 목욕탕

지하수는 땅속에 있는 물이에요. 지하수가 땅속의 높은 열에 데워져 지표로 솟아 나오면 온천이 돼요. 특히 화산 근처에 온천이 많은데, 마그마가 지하수를 데우기 때문이에요. 온천에는 건강에 좋은 성분이 많이 들어 있어요. 그래서 사람들은 온천에서 목욕을 즐긴답니다. 우리나라 곳곳에도 온천이 있어요. 또한 이웃 나라인 일본은 화산이 많아 온천이 발달해 있답니다.

마그마·용암

돌이 걸쭉해져 흐른다?

마그마: 땅속 깊은 곳에서 암석이 열에 녹아 만들어진 것
용암: 화산의 분화구에서 분출된 마그마

돌은 단단한 고체예요. 그런데 깊은 땅속의 온도는 매우 높아서 단단한 돌을 녹여 버리지요. 이렇게 땅속 깊은 곳에서 암석이 녹아 액체처럼 된 것을 마그마(Magma)라고 해요.

화산이 폭발해 마그마가 지표 밖으로 뿜어져 나온 것이 용암이에요. 땅속에 있으면 마그마, 마그마가 땅 밖으로 나오면 용암인 거죠.

화산에서 뿜어져 나올 때, 용암의 온도는 800도에서 1,200도 정도로 매우 높아요. 용암은 지표를 흐르며 새로운 지형을 만들어요. 울릉도와 제주도, 백두산 근처에 있는 개마고원이 용암이 만든 지형이랍니다.

치약처럼 끈끈한 용암은 잘 흘러내리지 않아서 경사가 급한 산을 만들고, 물처럼 끈끈한 정도가 낮은 용암은 완만하게 퍼지는 지형을 만들어요.

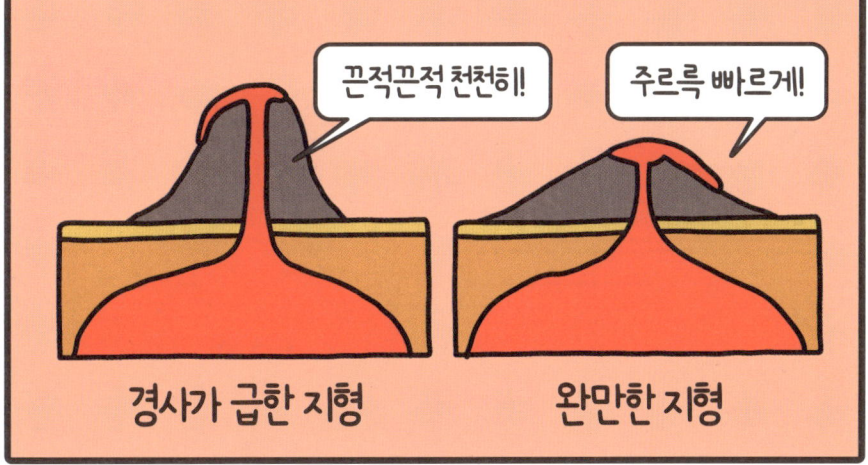

옥쌤 과학상식: 용암은 캔을 녹이지 못한다고?

용암은 아주 뜨겁기 때문에 철로 만든 통조림 캔이나 참치 캔을 넣으면 금방 녹아 없어질 것 같지요. 하지만 철이 녹으려면 온도가 1,500도가 넘어야 해요. 용암의 온도는 800~1,200도 정도이기 때문에 철로 만든 캔을 녹이지 못해요. 그런데 알루미늄 캔은 용암이 녹일 수 있어요. 알루미늄은 660도가 넘는 온도에서 녹아요. 그래서 알루미늄으로 만들어진 대부분의 음료수 캔은 용암에 닿으면 녹아 버릴 거예요.

지진
갑자기 흔들리는 땅

지진 : 지층이 끊어지거나 화산 활동이 일어나는 등의 이유로 땅이 흔들리는 현상

지구 안쪽에서 생기는 커다란 힘을 오랫동안 받으면, 지층이 끊어져요. 이때 생긴 진동으로 땅이 흔들리는 것을 지진이라고 해요.

땅속에서 지진이 발생한 지점을 진원이라고 하고, 진원의 바로 위에 있는 지표면을 진앙이라고 해요.

우리가 느끼지 못할 정도로 아주 약한 지진도 있지만 건물을 무너트릴 만큼 강력한 지진도 있어요.
이러한 지진의 세기는 규모와 진도로 표현해요.

지진의 규모는 지진이 일어날 때 생기는 에너지의 양을 나타내요. 미국의 학자 리히터가 제안해서 '리히터 규모'라고도 해요. 같은 지진이라면, 지역에 관계없이 규모는 같아요.

리히터 규모에 따른 지진의 영향

규모	영향
3.5 미만	거의 느끼지 못함
3.5~5.4	창문이 흔들리고 물건이 떨어짐
5.5~5.9	건물 벽에 금이 가고 서 있기 힘듦
6.0~6.9	집이 일부 파괴될 수 있음
7.0~7.9	건물이 무너지고 땅이 갈라지는 게 보임
8 이상	거의 모든 마을이 파괴됨

흔들려찌!

진도는 지진의 영향을 숫자로 나타낸 거예요.
같은 지진이더라도 지역에 따라 진도가 달라져요.
지진이 일어난 곳과 가까울수록 진도가 높고 멀수록 진도가 낮지요.

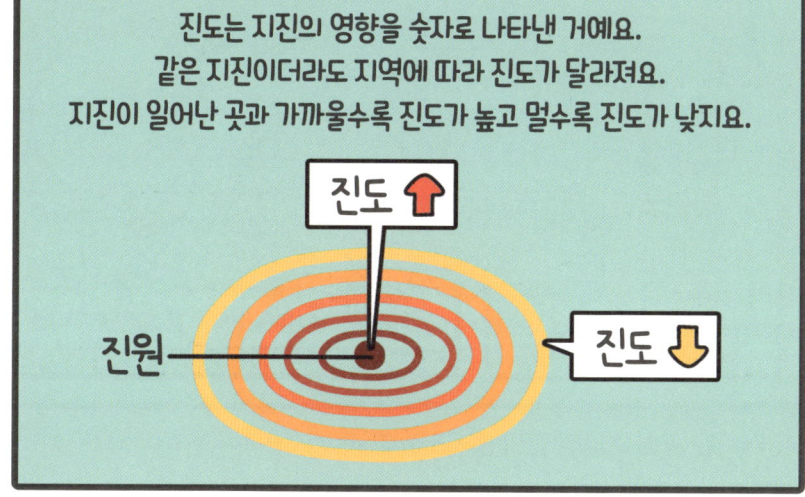

규모와 진도 모두 숫자가 클수록 더 강한 지진이에요. 지진은 육지뿐 아니라 바다 밑에 있는 땅에서도 일어나요. 바다에서 난 지진은 바닷물을 크게 일으켜 육지를 휩쓸어 버리기도 한답니다.

동굴

자연이 만든 지하 세계

동굴: 자연적으로 생긴 깊고 넓은 큰 굴

터널은 사람이 산이나 바다 밑을 뚫어 만든 거예요. 그런데 자연적으로 땅이나 바위가 터널처럼 깊숙이 패어 들어간 곳이 있어요. 바로 동굴이지요.

아주 오래전에 살았던 인류는 동굴을 보금자리로 삼아 지내기도 했어요.

내 집이야!

동굴은 만들어진 방법에 따라 구분할 수 있어요. 석회 동굴은 종유굴이라고도 하는데, 지하수와 빗물에 석회암이 녹으며 만들어졌어요.

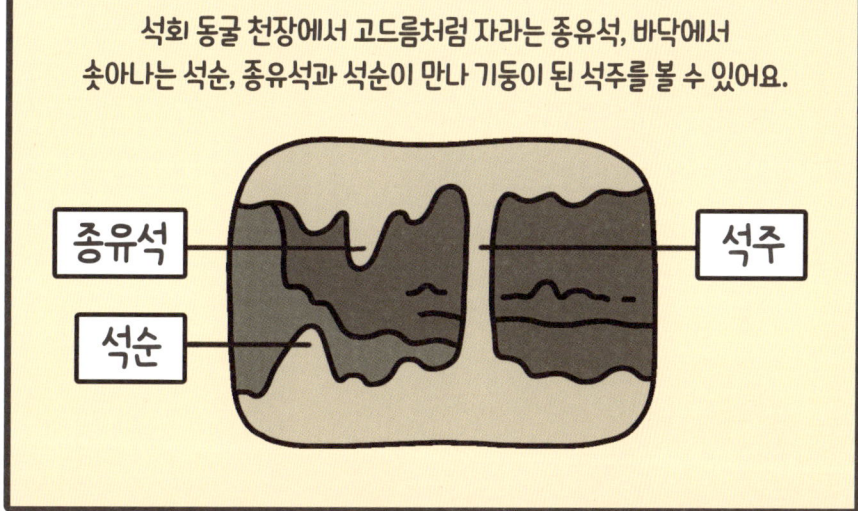

석회 동굴 천장에서 고드름처럼 자라는 종유석, 바닥에서 솟아나는 석순, 종유석과 석순이 만나 기둥이 된 석주를 볼 수 있어요.

종유석 / 석순 / 석주

해식 동굴은 오랜 시간 계속 부딪친 파도가 해안가의 절벽이나 지표를 깎아 만들어져요.

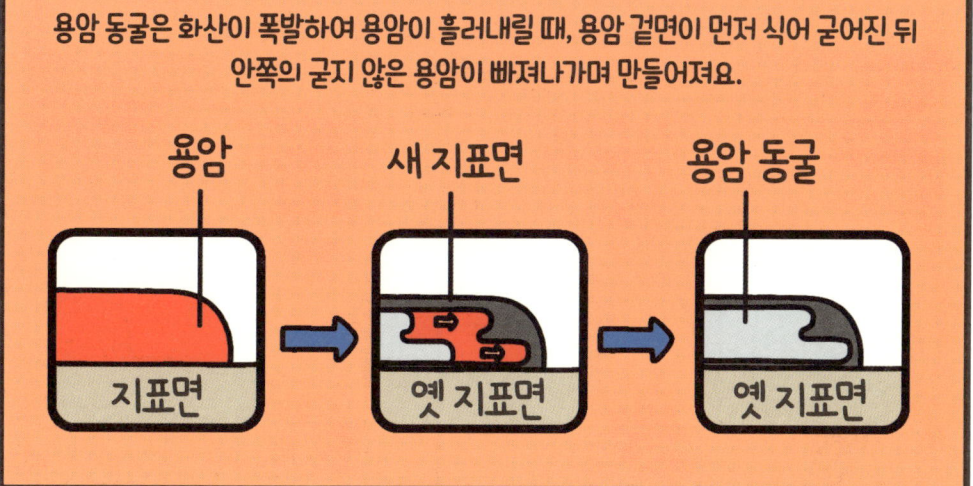

용암 동굴은 화산이 폭발하여 용암이 흘러내릴 때, 용암 겉면이 먼저 식어 굳어진 뒤 안쪽의 굳지 않은 용암이 빠져나가며 만들어져요.

용암 / 새 지표면 / 용암 동굴
지표면 / 옛 지표면 / 옛 지표면

제주도의 용암 동굴은 유네스코 세계 자연 유산으로 등록될 만큼 그 가치를 인정받았답니다.

자연재해

무시무시한 천재지변

자연재해 : 태풍, 가뭄, 지진, 화산 폭발 등 피할 수 없는 자연 현상 때문에 일어나는 재해

자연재해는 인간의 힘으로 어쩔 수 없는 자연 현상으로 피해를 입는 것을 말해요.
계절에 따라 다양한 자연재해가 발생하지요.

여름에 주로 발생하는 홍수는 비가 너무 많이 와서 강이나 개천의 물이 갑자기 크게 불어나는 거예요. 홍수로 건물과 농산물 등이 물에 잠기고 산사태가 일어나 큰 피해를 입어요. 도시는 빗물이 스며들 땅이 부족하기 때문에, 물을 내보내는 시설을 잘 갖추지 못하면 빗물로 주차장이나 지하실이 잠길 수도 있어요.

가뭄은 비가 오랫동안 내리지 않아 메마른 날씨가 계속되는 거예요. 주로 봄과 가을에 발생해요. 가뭄으로 곡식이 자라지 못하면 식량이 부족해져 문제가 생겨요.

태풍은 매년 여름이면 우리나라에 강한 바람과 비로 피해를 줘요. 하지만 태풍은 열대 지방의 뜨거운 열을 극지방 쪽으로 옮겨 주는 좋은 역할도 한답니다.

이 외에도 지진, 화산 폭발, 폭설, 황사 등의 자연재해가 있어요. 자연재해는 예측하기 어렵기 때문에 평소 대비를 단단히 해야 해요.

바닷물의 온도가 변해 생기는 재해

엘리뇨는 태평양 바닷물의 표면 온도가 평소보다 높게 지속되는 현상을 말해요. 라니냐는 엘리뇨와는 반대로 태평양 바닷물의 표면 온도가 평소보다 낮게 지속되는 현상을 가리키지요. 엘리뇨와 라니냐는 지역에 따라 가뭄이나 홍수 등 기상 이변을 일으켜요. 우리나라도 엘리뇨와 라니냐 때문에 바다 환경이 변해 물고기가 사라지고, 가뭄으로 농사가 어려워지는 피해를 입고 있답니다.

교과 연계

3학년 1학기 과학	04. 지구의 모습
4학년 2학기 과학	05. 물의 여행
5학년 1학기 과학	01. 온도와 열
5학년 2학기 과학	02. 날씨와 우리 생활
6학년 1학기 과학	02. 여러 가지 기체
6학년 2학기 과학	02. 계절의 변화

6장
신기한 기상 현상

대기 | 계절 | 지구 온난화 | 온실가스 | 구름 | 기압 | 태양의 고도 | 습도 | 폭염·한파 | 태풍

눈에 보이지 않지만 우리는 대기에 둘러싸여 있어요. 공기를 다른 말로 하면 대기예요. 대기 중에서 일어나는 다양한 현상을 '기상'이라고 해요. 눈과 비가 내리고, 바람이 불고, 춥고 더운 것 등을 뜻하지요. 기상 현상은 옷차림에서부터 안전 문제까지, 우리 삶에 큰 영향을 줘요. 그러니 관련된 과학 원리를 잘 익혀 두면 좋겠지요?

대기

지구를 둘러싸고 있는 것

대기: 천체의 표면을 둘러싸고 있는 기체

별이나 행성 같은 천체의 표면을 둘러싸고 있는 기체를 대기라고 해요. 공기와 같은 말이지요.

우리가 사는 지구도 대기로 둘러싸여 있어요. 지구의 대기는 대부분 질소와 산소로 이루어져 있지요.

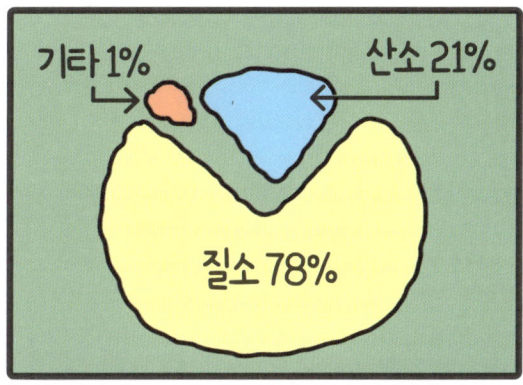

지구의 중력이 끌어당기기 때문에 대기는 우주로 날아가지 않고 지구에 머무를 수 있어요. 지구에서 대기가 있는 영역을 대기권이라고 해요. 대기권은 지표에서 약 1,000킬로미터까지예요. 대기권은 기온 변화에 따라 대류권, 성층권, 중간권, 열권으로 나눌 수 있지요.

대기는 우리가 숨을 쉴 수 있도록 해 줄 뿐 아니라, 지구의 온도를 일정하게 유지해 주는 역할을 해요. 또한 운석이나 자외선 등 우주에서 지구로 들어오는 해로운 물질을 막아 주기도 한답니다.

대기는 지구의 옷이라고 할 수 있지!

달에는 대기가 없다고?

달에는 대기가 없어요. 중력이 약해서 기체를 끌어당겨 잡아 두기 어려운 데다가, 태양에서 불어오는 바람이 기체를 날려 버리기 때문이에요. 대기가 없기 때문에 달에서는 비나 눈이 내리지 않고, 온도가 급격하게 변해요. 낮에는 100도 넘게 뜨거워지지만 밤에는 영하 100도 아래로 떨어질 정도로 추워요. 그래서 달은 지구와 달리 생물이 살 수 없는 환경이랍니다.

계절

1년마다 돌아오는 자연의 규칙

계절: 규칙적으로 되풀이되는 자연 현상에 따라서 1년을 구분한 것

매년 규칙적으로 반복되는 자연 현상에 따라서 1년을 구분한 것을 계절이라고 해요.

우리나라가 속한 온대 기후 지역은 기온에 따라 봄, 여름, 가을, 겨울의 네 계절로 나뉘어요.

1년 내내 더운 열대 기후 지역은 비가 얼마나 내리는지에 따라 계절을 구분해요. 건조할 때는 건기, 비가 많이 내릴 땐 우기지요.

한편, 우리나라를 비롯한 동아시아 지역에서는 태양의 움직임에 따라 한 해를 24개로 나누어 절기를 정했어요.

절기에는 봄에 낮과 밤의 길이가 같아지는 춘분, 여름에 낮이 가장 긴 하지, 가을에 낮과 밤의 길이가 같은 추분, 겨울에 낮이 가장 짧은 동지 등이 있어요.

 북반구와 남반구의 계절은 서로 반대라고?

우리나라가 있는 북반구는 보통 3~5월을 봄, 6~8월을 여름, 9~11월을 가을, 12~2월을 겨울로 구분해요. 하지만 남반구 지역에서는 북반구와 계절이 반대로 나타나요. 태양에서 오는 빛을 받는 각도와 시간이 서로 반대이기 때문이지요. 그래서 남반구에 있는 호주나 뉴질랜드 등의 나라에서는 여름에 크리스마스를 맞아요. 크리스마스 선물로는 스웨터나 목도리 대신 수영복 같은 여름 용품을 주고받는다고 해요.

지구 온난화

점점 더워지는 지구

지구 온난화: 지구의 기온이 높아지는 현상

지구 표면의 평균 온도가 높아지는 현상을 지구 온난화라고 해요.

수십억 년 동안 지구의 온도는 높아지고 낮아지길 여러 번 반복했어요. 하지만 지난 100년 동안, 인간의 활동으로 지구의 온도가 1도 넘게 올랐어요. 지구 온도가 이만큼 급격하게 오른 건 처음이라고 해요.

지구 온난화는 안정적이었던 기후와 생태계를 바꿔서, 지구 전체에 큰 영향을 미쳐요. 높아진 기온 탓에 수가 줄거나 멸종하는 생물도 많아지고 있지요.

지구 온난화로 가뭄이나 홍수, 산불 등 자연재해가 더 자주 일어나게 되었어요. 빙하가 빠르게 녹으면서 해수면이 높아져 물에 잠기게 되는 땅도 생겼지요.

이 때문에 삶의 터전을 잃고 다른 나라로 떠나는 사람이 늘고 있어요. 이들을 기후 난민이라고 불러요.

지구 온난화는 경제에도 안 좋은 영향을 줘요. 기온이 너무 높은 환경에서는 효율적으로 일하기 힘들어요. 자연재해로 산업 시설이 파손되거나 무역에 어려움이 생길 수도 있지요.

또한 농작물이 잘 자라기 힘들고, 바다 생태계가 바뀐 탓에 어업 활동도 어려워져요. 그러면 식량이 부족해져서 식량을 차지하기 위해 국가 간 전쟁이 발생할 수도 있어요.

온실가스

지구에 열을 가두는 기체

온실가스: 지구 대기를 오염시켜 온실 효과를 일으키는 가스를 통틀어 이르는 말

온실은 열을 가둬서 안을 따뜻하게 유지해요. 그래서 추운 겨울에도 봄, 여름에 자라는 식물을 온실에서 기를 수 있지요.

그런데 우리가 사는 지구가 마치 이 온실 같아지고 있어요. 전보다 지구의 열을 밖으로 잘 내보내지 못하게 된 것이지요.

햇볕이 지구를 덥히면, 지표는 열을 반사해 대기로 보내요. 그런데 대기에서 열을 흡수해 열이 지구 밖으로 나가지 못하게 막는 기체가 있어요. 이것이 온실가스예요.

이산화 탄소는 대표적인 온실가스예요. 화석 연료를 쓰는 공장, 자동차 등에서 발생하지요. 인간이 만들어 낸 온실가스 중 80퍼센트를 차지해요.

가축의 배설물, 음식물 쓰레기 등에서 나오는 메테인도 온실가스예요. 이산화 탄소보다 양이 적고 대기에 머무르는 시간도 짧지만, 온실 효과를 일으키는 정도가 아주 강력해요.

수증기도 온실가스예요. 바다에서 물이 증발해 만들어지지요.

온실가스는 지구의 온도를 적당하게 유지하는 데 꼭 필요해요. 하지만 대기에 온실가스가 너무 많으면 지구 온난화로 이어져 생태계를 위협하지요.

전 세계 국가들은 온실가스를 줄이기 위해, 탄소 중립을 목표로 삼고 노력하고 있어요. 탄소 중립은 온실가스 배출을 최대한 줄이고 남은 온실가스를 흡수하는 대책을 세워 배출량을 0으로 만드는 것을 말해요.

구름

하늘에 떠 있는 작은 물방울들

구름: 공기 중의 수분이 엉기어서 생긴 미세한 물방울이나 얼음 덩어리가 공중에 떠 있는 것

하늘에 떠 있는 구름은 대기 중에 있던 수증기가 높은 곳에서 작은 물방울이나 얼음으로 변해, 모여 있는 거예요.

구름은 모양과 떠 있는 높이에 따라 다양한 이름으로 불려요.

옛날 사람들은 구름의 모양을 보고 날씨를 예측하기도 했어요. 뭉게구름이라고도 부르는 적운은 맑은 날 볼 수 있어요.

수직으로 큰 적란운이 보인다면 소나기가 내릴 거라고 예측할 수 있어요. 그래서 적란운을 소나기구름이라고 부르기도 해요.

비층구름으로 부르는 회색빛의 두꺼운 난층운이 보이면 비나 눈이 내릴 거라고 예상할 수 있지요.

 **옥쌤 과학상식** — 먼지가 있어야 구름이 생긴다고?

구름이 생기려면 우선 수증기가 뭉쳐야 해요. 그런데 수증기만 있으면 서로 잘 뭉치지 않아요. 물 없이 모래알만 있으면 잘 뭉쳐지지 않는 것처럼요. 먼지와 같은 작은 입자들이 함께 있어야 구름이 잘 생겨요. 먼지들은 공기 중에 떠돌아다니는 수증기를 모아 주는 역할을 해요. 이런 먼지 입자를 '응결핵'이라고 부른답니다.

기압
공기가 누르는 힘

기압: 대기의 무게 때문에 생기는 압력

어떤 물체가 다른 물체를 수직으로 누르는 힘을 압력이라고 해요. 공기도 무게가 있기 때문에 누르는 힘이 생겨요. 이런 대기의 압력을 기압이라고 해요.

기압은 해발 고도가 높아질수록 낮아져요. 중력 때문에 지구 표면에 가까울수록 공기가 많이 모여 있고, 지표에서 멀어질수록 공기의 양이 적기 때문이지요.

높은 산 위나 하늘에 떠 있는 비행기에서는 공기가 누르는 힘인 기압이 낮아요. 그래서 과자 봉지가 지표면에 닿아 있을 때보다 빵빵하게 부풀어요.

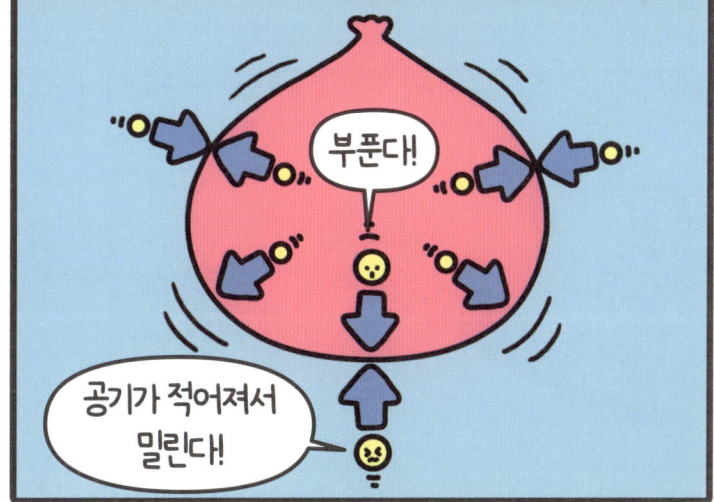

우리 몸이 기압을 느끼지 못하는 이유는 기압만큼 우리 몸에서도 밀어내는 힘이 바깥으로 작용하고 있기 때문이에요.

주변보다 기압이 높은 부분을 고기압, 낮은 부분을 저기압이라고 한답니다.

 **옥쌤 과학상식** ## 산 위에서 지은 밥은 맛없다?

높이 올라갈수록 기압이 낮아지기 때문에 산꼭대기는 산 아래보다 기압이 낮아요. 기압이 낮은 곳에서는 물이 100도가 되기 전에 끓어 버리지요. 그래서 높은 산 위에서 밥을 지으면 쌀알이 덜 익어 꼬들꼬들해요. 산꼭대기에서도 맛있는 밥을 지으려면 밥솥 뚜껑 위에 무거운 돌을 올려놓아 안쪽의 압력을 더 높여 주면 된답니다.

태양의 고도

태양이 비추는 각도

태양의 고도 : 태양이 지표면과 이루는 각으로 나타내는 태양의 높이

태양의 고도는 태양이 떠 있는 높이예요. 태양이 지표면과 이루는 각으로 나타내지요. 태양의 고도는 하루 동안 계속 달라져요.

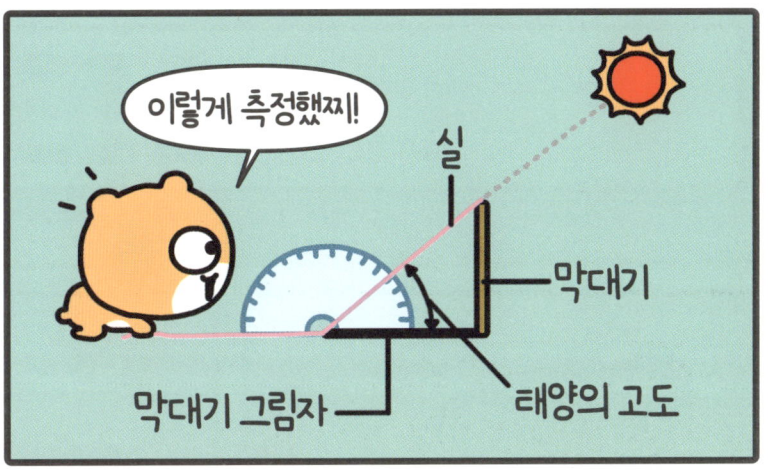

태양이 하루에 한 번 동쪽 하늘에서 떠서 남쪽 하늘을 지나 서쪽 하늘로 사라지기 때문이지요.

우리나라에서 태양의 고도는 오전에 점점 높아져서 한낮에 태양이 남쪽 하늘에 떠 있을 때 가장 높아요. 이때를 '남중 고도'라고 해요. 이후 태양의 고도는 점점 낮아져요.

태양의 고도가 높아질수록 같은 시간 동안 같은 면적에 닿는 태양 에너지의 양이 많아져요. 마치 손전등을 수직으로 들고 있을 때 빛이 더 센 것처럼요. 태양의 고도는 계절과 위도에 따라 달라진답니다.

 ## 하루 중 기온이 가장 높은 때는?

우리나라에서 태양이 가장 높게 떠 남중 고도에 있는 시각은 약 12시 30분이에요. 그런데 기온이 가장 높은 시각은 14시 30분쯤이에요. 태양이 가장 높이 있는 때와 기온이 가장 높은 때가 다른 이유는, 태양열에 의해 지표면이 달궈져 공기의 온도가 높아지는 데 2시간 정도 걸리기 때문이에요. 한편 그림자의 길이는 태양이 남중 고도에 있을 때 가장 짧고, 태양의 고도가 낮아질수록 길어진답니다.

습도

건조한지 축축한지 나타내는 것

습도 : 공기 중에 수증기가 들어 있는 정도

습도는 공기에 수증기가 얼마나 들어 있는지를 나타내는 정도예요. 습도는 우리 생활에 영향을 주기 때문에 일기 예보에서도 매일매일의 습도를 알려 줘요.

습도는 백분율로 나타내요. 공기에 최대한 들어갈 수 있는 수증기가 100이라고 했을 때 수증기가 얼마만큼 들어 있는지를 나타내는 것이지요.

습도가 60퍼센트라는 말은 공기에 100만큼의 수증기가 들어갈 수 있는데, 현재 60만큼 수증기가 들어 있다는 뜻이에요.

습도가 낮으면 대기가 건조해져요. 빨래는 잘 마르겠지만, 정도가 심하면 산불이 날 위험이 커요.

반대로 습도가 높으면 빨래가 잘 마르지 않고 곰팡이가 생길 수 있어요. 사람들은 적당한 습도를 유지하기 위해 습도를 높이는 가습기나 습도를 낮춰 주는 제습기를 사용해요.

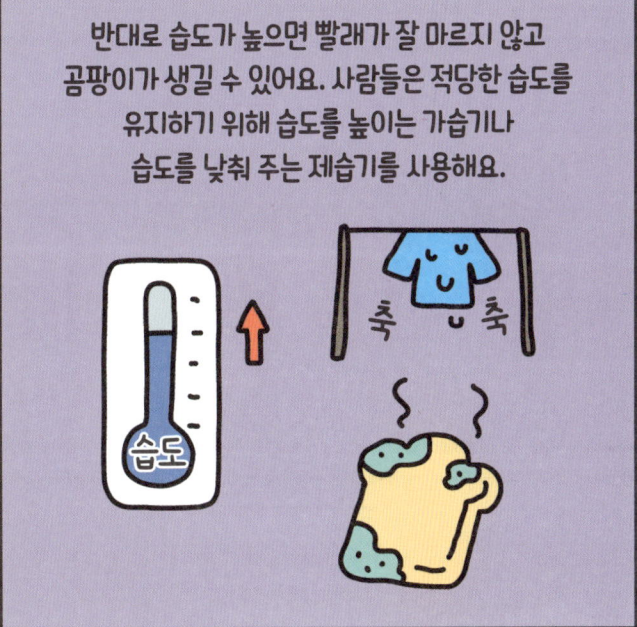

 습도에 따라 온도가 다르게 느껴진다고?

분명히 기온이 같은 날인데, 느끼는 온도가 달랐던 적이 있나요? 같은 기온이라도 습도가 높은 여름이면 더 덥게 느껴져요. 땀이 마르면서 몸의 온도를 떨어뜨려 주는데, 습도가 높으면 공기 중에 수증기가 많아 땀이 잘 마르지 않기 때문이에요. 반대로 겨울에는 습도가 높을 경우, 같은 기온이라도 더 춥게 느낄 수 있어요. 공기 속의 수증기가 추운 기운을 전달하는 역할을 하기 때문이랍니다.

폭염·한파
너무 뜨겁고, 너무 추운 것

폭염: 매우 심한 더위
한파: 겨울철에 기온이 갑자기 내려가는 현상

매우 심한 더위를 폭염이라고 해요. 낮 최고 기온이 33도를 넘었을 때를 기준으로 해요.

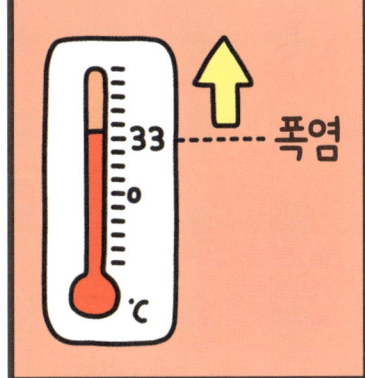

우리나라 기상청은 체감 온도가 높은 상태가 2일 이상 이어질 때 폭염 주의보나 폭염 경보를 내려요.

폭염 주의보	33도 이상
폭염 경보	35도 이상

체감 온도는 기온에 습도와 바람 등의 영향이 더해져 느껴지는 온도예요. 폭염일 때는 바깥 활동을 자제하고 물을 충분히 마셔야 해요.

한파는 겨울철에 기온이 갑자기 내려가는 것을 뜻해요. 아침 최저 기온이 낮은 상태가 2일 이상 이어질 것으로 예상될 때 기상청에서 한파 주의보나 한파 경보를 내려요.

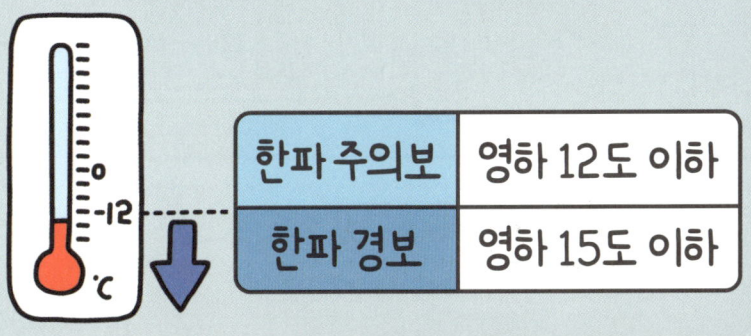

한파 주의보	영하 12도 이하
한파 경보	영하 15도 이하

한파로 살갗이 얼거나 체온이 정상보다 낮아지면 건강을 해칠 수 있어요. 자동차나 전기 장비에도 이상이 생길 수 있지요.

시동이 안 걸려!

 **옥쌤 과학상식** 우리나라에서 가장 더웠던 여름은?

우리나라에서 기온을 측정하기 시작한 이후, 가장 더웠던 여름은 2018년이었어요.(2024년 8월 기준) 폭염 경보가 38일 간 이어졌고, 8월 1일에는 서울의 최고 기온이 39.6도, 강원도 홍천군은 무려 41도까지 올랐지요. 그런데 이 기록은 앞으로 깨질 가능성이 높다고 해요. 과학자들은 지구 온난화 때문에 폭염이 더욱 일찍 시작되고, 더 강력한 더위가 자주 나타날 것이라고 말하고 있어요.

태풍

무시무시한 바람과 비를 몰고 오는 것

태풍: 열대의 바다에서 발생하는, 강한 바람과 비를 가져오는 자연 현상

태풍은 바람이 1초에 17미터를 넘게 움직일 만큼 빠르고, 강한 비를 내리는 자연 현상을 의미해요.

열대의 따뜻한 바다에서 생겨나, 우리나라에는 8월에서 10월 사이에 영향을 미치지요.

태풍의 강한 바람은 건물의 유리를 깨트리거나 가로수를 쓰러트리기도 해요. 또한 함께 내리는 많은 비는 마을을 물에 잠기게 하거나 추수를 앞둔 논밭을 망쳐 놓지요.

태풍은 이로운 역할도 해요. 바다를 뒤섞어 깨끗하게 만들고, 대기 중의 오염 물질을 날려 버리기도 해요. 오랜 기간 가뭄이 계속되는 곳에는 반가운 비를 내려 주기도 하고요.

태풍을 사이클론, 허리케인이라고 부르기도 해요. 세계 각 지역에서 예로부터 부르던 말이 달랐기 때문이지요.

태풍은 새로 생길 때마다 이름을 얻어요. 태풍의 영향을 받는 14개 나라가 10개씩 정해 둔 총 140개의 이름을 차례대로 붙여 주지요.

우리말 태풍 이름은 총 20개예요. 우리나라가 10개, 북한이 10개를 제출했기 때문이랍니다. 우리나라가 제출한 이름은 개미, 나리, 장미, 미리내, 호두, 제비, 너구리 등이 있어요.

교과 연계

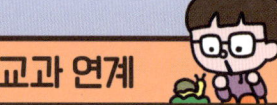

3학년 1학기 국어	06. 일이 일어난 까닭
4학년 2학기 과학	03. 그림자와 거울
5학년 1학기 과학	02. 태양계와 별
6학년 1학기 과학	02. 지구와 달의 운동
6학년 2학기 과학	02. 계절의 변화

7장

놀라운 우주

천체 | 자전 | 공전 | 태양 | 태양계 | 달 | 달의 위상 | 양력·음력 | 광년 | 별자리 | 북극성 | 월식·일식

우주가 얼마나 클지 한번 상상해 보세요. 실제 우주는 반 친구들이 상상한 크기를 모두 더한 것보다, 이 세상 사람들이 상상한 크기를 다 합친 것보다 더 클 거예요. 한마디로 상상할 수 없을 정도로 크다는 말이지요! 드넓은 우주를 우리 지구와 가까운 태양과 달에서부터 차근차근 살펴봐요. 자, 다 함께 우주여행을 시작해 볼까요?

천체

우주에 속한 물체

천체: 우주에 존재하는 모든 물체. 항성, 행성, 혜성, 성운 등을 통틀어 이르는 말

우주에 위치한 모든 물체를 천체라고 불러요. 항성, 행성, 위성 등이 천체에 속해요.

항성은 스스로 빛을 내는 천체예요. 우리가 흔히 '별'이라고 부르는 것이지요. 지구에서 가장 가까운 항성은 태양이에요.

행성은 항성의 주위를 도는 천체예요. 스스로 빛을 내지 못하고 항성의 빛을 받아 반사해요.

행성은 항성이 끌어당기는 힘 때문에 항성에서 멀어지지 않아요. 지구는 태양 주위를 돌고 있는 행성이지요. 행성 주위를 도는 천체도 있어요. 위성이라고 하지요. 달은 지구의 위성이에요.

셀 수 없이 많은 항성과 행성, 위성 등의 천체가 모여 우주를 이루고 있답니다.

 ## 인간이 만들어 낸 위성이 있다?

우주에는 사람들이 다양한 목적을 갖고 쏘아 올린 기계가 있어요. 이 기계는 지구 주위를 빙빙 돌기 때문에, 사람이 만든 것이라는 뜻의 '인공'이라는 단어와 행성 주위를 도는 '위성'이라는 단어를 합쳐 '인공위성'이라고 불러요. 인공위성 덕분에 날씨를 예측하고, 통신을 할 수 있어요. 또한 인공위성은 사람이나 비행기, 배 등의 위치를 정확히 알려 주지요. 우주에 떠 있는 천문대라고 할 수 있는 우주 망원경도 천체 관측을 위해 쏘아 올린 인공위성이랍니다.

자전

천체가 스스로 도는 운동

자전: 천체가 고정된 축을 중심으로 스스로 회전하는 것

천체가 팽이처럼 고정된 축을 중심으로 회전하는 것을 자전이라고 해요.

지구도 자전을 해요. 북극과 남극을 이은 가상의 선인 자전축을 중심으로 하루에 한 바퀴씩 서쪽에서 동쪽으로 도는 것을 '지구의 자전'이라고 하지요.

지구의 자전으로 낮과 밤이 생겨요. 태양을 향할 때는 낮이, 태양의 반대쪽을 향할 때는 밤이 되지요.

지구가 서쪽에서 동쪽으로 자전하기 때문에, 지구에선 천체가 동쪽에서 서쪽으로 도는 것처럼 보여요. 이것을 천체의 일주 운동이라고 해요.

동쪽 하늘에서 뜬 태양은 하늘 위를 가로질러 서쪽으로 지는 것처럼 보여요. 별은 북극성을 중심으로 동에서 서로 하루에 한 바퀴씩 도는 것처럼 보이지요.

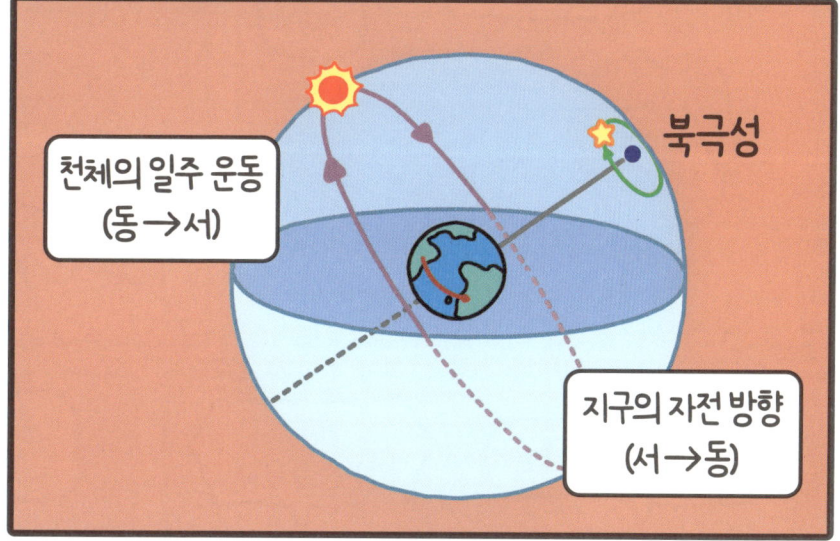

목성에서는 하루가 10시간이라고?

목성이 한 바퀴 자전하는 데 걸리는 시간은 10시간보다 약간 짧아요. 태양계 행성 중에 제일 큰데도 자전 속도가 가장 빠르지요. 만약 우리가 목성에 가게 된다면 하루가 10시간밖에 되지 않는답니다. 반대로 태양계에서 한 바퀴 자전하는 데 시간이 제일 오래 걸리는 행성은 금성이에요. 금성은 약 243일에 한 번 자전해요. 금성에서의 하루는 정말 길겠지요?

공전

지구는 태양 주위를 돌아요

공전: 한 천체가 다른 천체의 둘레를 주기적으로 도는 일

어떤 천체가 다른 천체의 주변을 주기적으로 도는 것을 공전이라고 해요.

지구는 태양을 중심으로 일정한 경로를 따라 공전해요. 지구가 태양 주위를 한 바퀴 도는 데 약 365일이 걸려요. 그래서 1년을 365일로 정했지요.

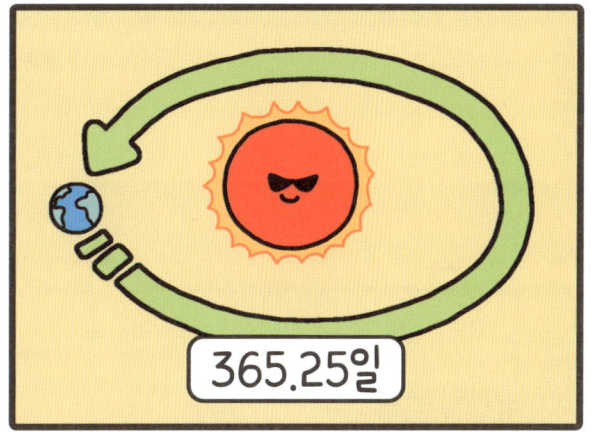
365.25일

그런데 사실 지구가 태양을 공전하는 시간은 정확히 365.25일이에요. 이 때문에 4년마다 하루를 더해서 정확하게 계산해요. 그래서 4년에 한 번 2월이 29일까지 있는 거랍니다.

올해는 366일이래!

4년에 한 번씩.

공전을 하면 지구의 위치가 계속 달라져요. 달라진 위치에 따라 지구에서 보이는 천체도 바뀌어서, 별자리도 달라진답니다.

지구는 자전축이 23.5도 기울어진 채로 태양 주위를 공전해요. 그렇기 때문에 지구의 위치에 따라 같은 지역이더라도 태양의 고도가 달라져요. 그래서 계절의 변화가 나타나지요.

 **옥쌤 과학상식** 태양도 공전한다고?

달은 지구를 공전하고, 지구는 태양을 공전해요. 그럼 태양은 우주에 가만히 떠 있는 걸까요? 아니에요. 태양은 우리 은하의 중심을 1초에 약 217킬로미터의 속도로 약 2억 5,000만 년에 한 바퀴씩 공전하고 있어요. 은하는 수천억 개의 별이 모인 집단을 말해요. 우리가 속해 있는 은하를 '우리 은하'라고 하지요. 지구를 비롯한 행성들, 행성의 위성들도 태양과 함께 은하의 중심을 돌고 있답니다.

태양

우리와 가장 가까운 별

태양: 지구에서 가장 가깝고, 태양계의 중심이 되는 항성

태양은 지구에서 가장 가까운 항성(별)이에요. 지구와 태양은 약 1억 5,000만 킬로미터 떨어져 있는데, 빛의 속도로 8분 정도 걸리는 거리예요.

태양은 지름이 지구보다 109배 정도 크고, 지구보다 33만 배 넘게 무거워요.

이렇게 클 줄 몰랐어!

멀리 떨어져 있어서 작게 보일 뿐이야!

태양의 표면은 5,800도로 아주 뜨거워요. 태양이 내는 빛은 지구를 따뜻하게 만들어 생명체가 살 수 있게 해요.

흑점은 태양의 표면에 있는 검은 점이에요. 주변보다 온도가 낮아서 어둡게 보이는 부분이지요. 또한 태양의 대기에서 거대한 불꽃이 치솟는 홍염을 관찰할 수 있어요.

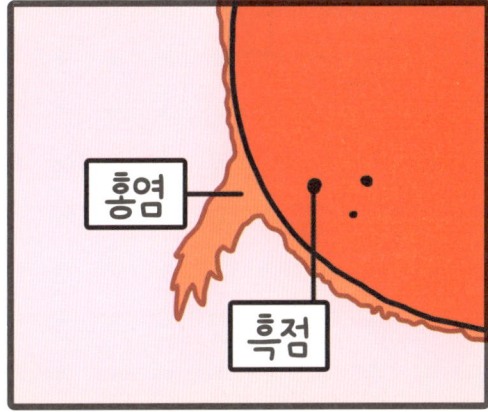

홍염

흑점

태양이 내뿜는 빛은 아주 강렬하기 때문에, 태양을 맨눈으로 오래 바라보거나 망원경으로 직접 관찰하면 매우 위험해요. 특별한 보호 장비를 반드시 갖춰야 한답니다.

준비 철저!

 **옥쌤 과학상식** 태양이 사라지면 지구는 어떻게 될까?

매일 아침 당연하게 떠오르는 태양이 어느 날 사라진다면 지구에 어떤 일이 일어날까요? 태양이 주는 에너지를 받지 못해 지구의 온도가 지금보다 훨씬 낮아질 거예요. 태양과 멀리 떨어져 있는 해왕성처럼 영하 200도보다 더 추워지겠지요. 또 태양 빛이 없으면 식물이 광합성을 할 수 없어요. 그럼 산소가 만들어지지 않고, 식물이 자라지 않아 먹이 사슬이 무너질 거예요. 또한 지구를 붙잡고 있던 태양의 중력이 없어지면, 지구는 우주 어딘가를 향해 날아가게 될 거랍니다.

태양계

지구가 속한 곳

태양계 : 태양과 태양을 중심으로 공전하는 천체의 집합

태양과 태양을 공전하는 천체들을 모아 태양계라고 불러요. 태양계의 중심은 스스로 빛을 내는 항성인 태양이에요.

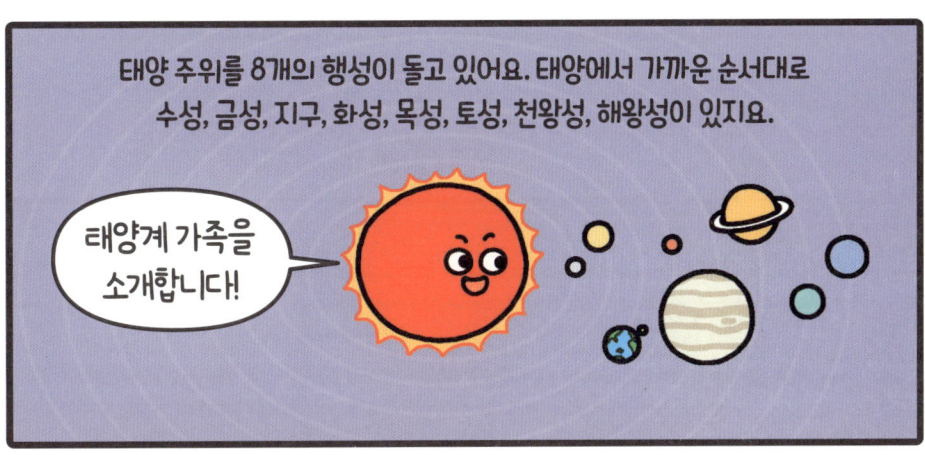

그 밖에 각 행성 주위를 도는 위성, 화성과 목성 사이에 있는 무수히 많은 소행성, 가스로 된 긴 꼬리를 늘어트리며 태양을 도는 혜성 등이 태양계를 이루는 천체예요.

 ## 명왕성이 행성이 아닌 이유

명왕성은 1930년에 발견되어 태양계의 아홉 번째 행성이 되었어요. 그런데 2006년, 국제 천문 연맹은 명왕성을 태양계 행성에서 제외했지요. 행성은 충분히 크고 무거워서 둥근 모양을 유지해야 하며, 주변 다른 천체에 휘둘리지 않고 태양을 공전하는 천체여야 해요. 그런데 명왕성은 달 크기의 3분의 2밖에 되지 않는 데다, 공전 궤도도 다른 행성과 달리 길쭉한 타원 모양이고, 주변 천체를 온전히 위성으로 삼지 못했어요. 그래서 명왕성은 행성은 아니지만 소행성보다 행성에 가까운 '왜행성'으로 분류되었답니다.

달

지구의 밤을 은은하게 비추는 물체

달: 지구를 공전하는 천체

달은 지구 주위를 도는 지구의 하나뿐인 위성이에요. 지구에서 가장 가까운 천체로, 약 38만 킬로미터 떨어져 있어요.

달의 지름은 지구의 4분의 1 정도예요. 달은 스스로 빛을 내지 못하지만, 태양 빛을 반사해서 빛이 나요. 지구에서 봤을 때 달은 하늘에서 두 번째로 밝지요.

달의 공전 주기와 자전 주기는 모두 대략 27일이에요. 달이 스스로 한 바퀴 도는 데 걸리는 시간과 지구를 한 바퀴 도는 데 걸리는 시간이 같다는 의미지요.

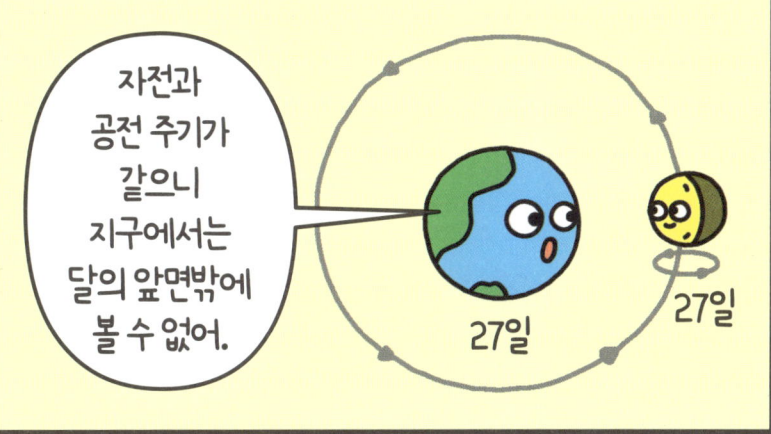

자전과 공전 주기가 같으니 지구에서는 달의 앞면밖에 볼 수 없어.

27일 27일

달의 표면은 운석이 부딪힌 흔적으로 울퉁불퉁해요. 표면의 밝은 부분을 달의 육지, 어두운 부분을 달의 바다라고 부르지요.

물이 있는 바다가 아니라, 현무암으로 이루어져 어둡게 보이는 거야.

최초로 달에 간 사람은 닐 암스트롱이에요. 1969년 아폴로 11호를 타고 달에 착륙해 2시간 반 동안 달을 탐사하고 무사히 지구로 돌아왔어요.

 **옥쌤 과학상식** 달은 어떻게 생겨났을까?

과학자들은 달이 만들어진 이유를 여러 가지 방법으로 설명해요. 첫째로 지구의 자전 속도가 지금보다 빠를 때 지구의 일부가 떨어져 나가 달이 되었다는 설명이 있어요. 둘째로 지구가 만들어질 때 달이 동시에 생겼다고도 해요. 셋째로 지구와 달이 서로 다른 곳에서 만들어져 떠돌다가, 지구가 달을 잡아당겨 위성으로 삼았다는 설명도 있지요. 넷째로 지구가 생길 때 큰 천체와 충돌했는데, 이때 지구의 일부분이 떨어져 나가 달이 되었다고도 설명해요. 마지막 설명이 가장 가능성이 크다고 여겨진답니다.

달의 위상

다양한 달의 모습

달의 위상: 지구에서 볼 때, 달 표면이 빛을 받아 나타나는 여러 가지 모습

달의 위상은 지구에서 보이는 달의 여러 모습을 뜻해요.
달은 약 30일을 주기로 모양을 바꿔요.

달은 태양에서 오는 빛을 반사해서 빛나요. 그런데 달이 지구를 공전하기 때문에 태양과 지구, 달의 위치가 계속 변해요.

이 때문에 지구에서 달이 밝게 보이는 부분이 달라져서, 달의 모양이 변하는 것처럼 보이지요.

음력 15일까지 달은 점점 차올라요. 음력 3~4일쯤에는 눈썹처럼 생긴 초승달을 하늘에서 볼 수 있고, 음력 7~8일쯤에는 흔히 반달이라고 부르는 상현달이 나타나요.

매달 음력 15일에는 둥근 보름달이 떠요. 그 이후로는 달의 크기가 점점 줄어들어요. 음력 22~23일쯤에는 하현달을, 음력 27~28일 무렵엔 그믐달을 볼 수 있지요.

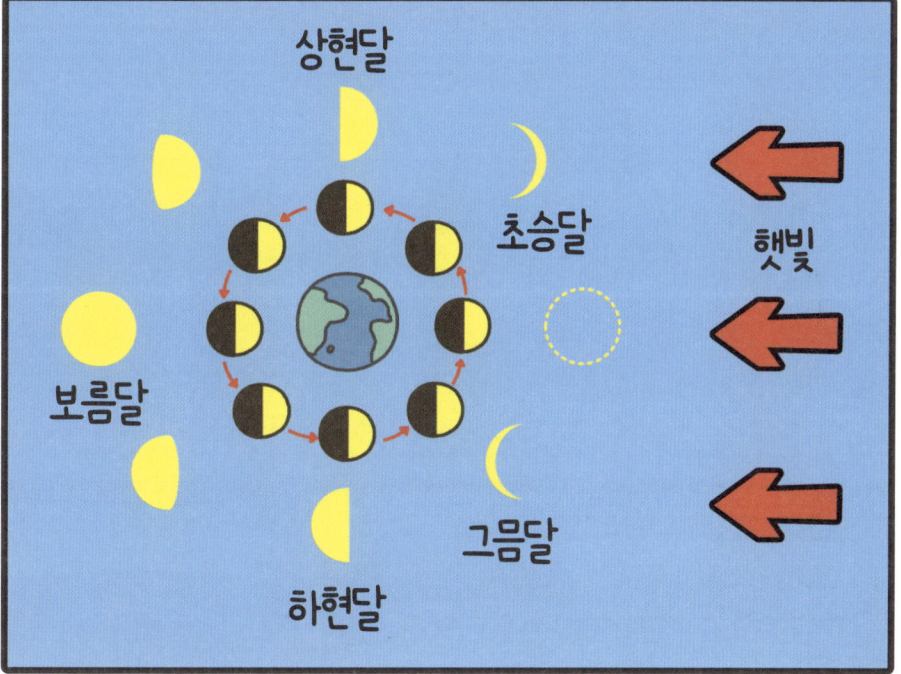

 낮에도 달이 뜬다고?

달은 태양과 반대로 저녁에 떠서 아침에 지는 걸까요? 달이 밤에 잘 보이기 때문에 이렇게 생각하는 사람이 많지만, 달은 위상에 따라 뜨는 시각이 다양해요. 음력 3~4일, 초승달일 때는 아침에 떠서 저녁에 서쪽으로 져요. 달이 뜨는 시각은 점차 늦어져, 상현달일 땐 낮 12시쯤 떠서 밤 12시에 지지요. 반대로 하현달은 밤 12시에 떠서 낮 12시에 져요. 그래서 때때로 햇빛이 강하지 않은 낮에 상현달과 하현달을 관찰할 수 있답니다.

양력·음력

날을 세는 기준이 달라요

양력: 지구가 태양을 한 바퀴 도는 데 걸리는 시간을 1년으로 정해 만든 달력
음력: 달의 모양이 반복적으로 변하는 데 걸리는 시간을 한 달로 정해 만든 달력

양력은 지구가 태양 주위를 한 바퀴 공전하는 데 걸리는 시간을 1년으로 계산한 달력이에요.

지구는 하루에 한 바퀴씩 자전하는데, 태양을 한 바퀴 공전할 때 지구는 자전을 365번 정도 해요. 그래서 양력에서의 1년은 365일이에요.

음력은 달의 모습이 변하는 주기를 이용해 만든 달력이에요. 달이 지구 둘레를 한 바퀴 도는 데 걸리는 시간을 한 달로 삼아요.

음력으로 한 달은 약 29.5일이에요. 그러면 열두 달이 354일이 되어, 음력 1년은 양력보다 10일 정도 짧아요. 그래서 매년 양력 날짜와 음력 날짜가 다른 것이지요.

우리나라의 설날(음력 1월 1일), 정월 대보름(음력 1월 15일), 추석(음력 8월 15일)과 같은 명절은 음력으로 정하기 때문에 양력 달력에서 매년 날짜가 달라지는 것이랍니다.

옥쌤 과학상식 — 양력은 매달 일수가 달라요

양력에서는 1년을 열두 달로 나눠요. 하지만 365일을 정확히 12로 나눌 수 없기 때문에 매달 일수가 달라요. 양력에서 1월은 31일까지, 2월은 28일까지(윤년에는 29일까지), 3월은 31일, 4월은 30일, 5월은 31일, 6월은 30일, 7월은 31일, 8월은 31일, 9월은 30일, 10월은 31일, 11월은 30일, 12월은 31일까지 있어요.

광년

거리를 빛의 속도로 잰다?

광년: 천체와 천체 사이의 거리를 나타내는 단위

우주에서 거리를 나타낼 때는 '광년'이라는 단위를 사용해요. 광년은 빛의 속도로 1년 동안 갈 수 있는 거리를 뜻해요.

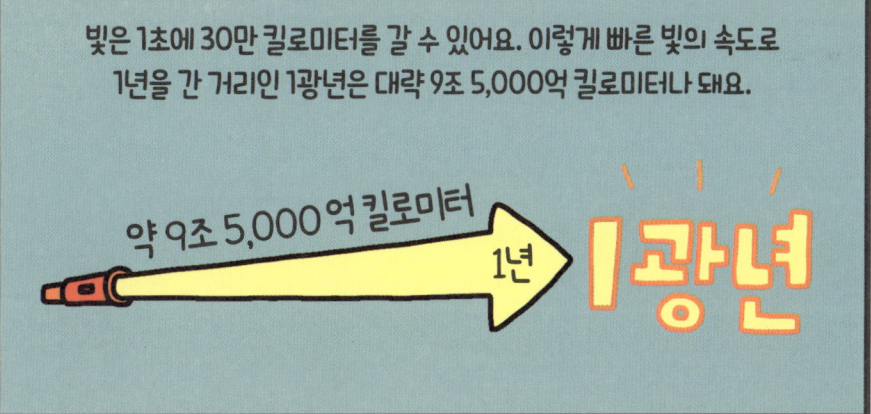

지구에서 태양 다음으로 가까운 항성은 지구와 약 4.2광년 떨어져 있어요. 지구에서 빛의 속도로 가도 4년이 넘어야 도착할 수 있는 거리랍니다.

 과거의 우주만 볼 수 있다고?

어떤 물체에서 출발한 빛이 우리 눈에 도착해야 우리는 그 물체를 볼 수 있어요. 빛은 1초에 지구를 일곱 바퀴 반이나 돌 정도로 무척 빠르지만, 드넓은 우주에서는 빛도 이동하는 시간이 길어져요. 그래서 아주 먼 우주에서 출발한 빛이 우리 눈에 도착하면, 빛이 이동한 기간만큼 시간이 흘러 있는 것이지요. 북극성인 폴라리스(Polaris)는 지구와 430광년 이상 떨어져 있어서 빛이 지구까지 오는 데 430년 넘게 걸려요. 즉, 우리가 현재 보고 있는 폴라리스는 약 430년 전 과거의 모습인 것이지요.

별자리
하늘에 그려진 별의 그림

별자리: 하늘의 별들을 몇 개씩 이어서 그 형태에 동물, 물건, 인물 등의 이름을 붙여 놓은 것

밤하늘에 보이는 별들을 연결해 신화 속 인물이나 동물, 물건 등의 이름을 붙인 것을 별자리라고 해요.

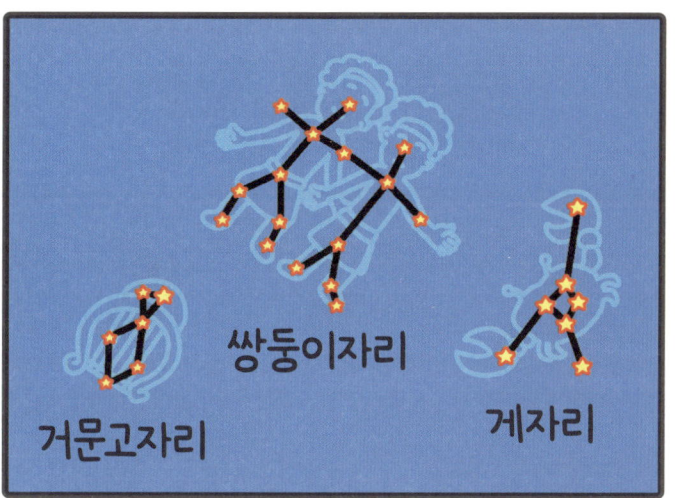

저녁 9시에서 자정 무렵, 남쪽 하늘에서 보이는 별자리가 그 계절의 대표 별자리예요.

계절마다 밤에 보이는 별자리가 다른 이유는 지구의 위치가 변하기 때문이에요. 지구가 태양 주위를 공전해서 태양 반대쪽의 밤하늘이 달라지지요.

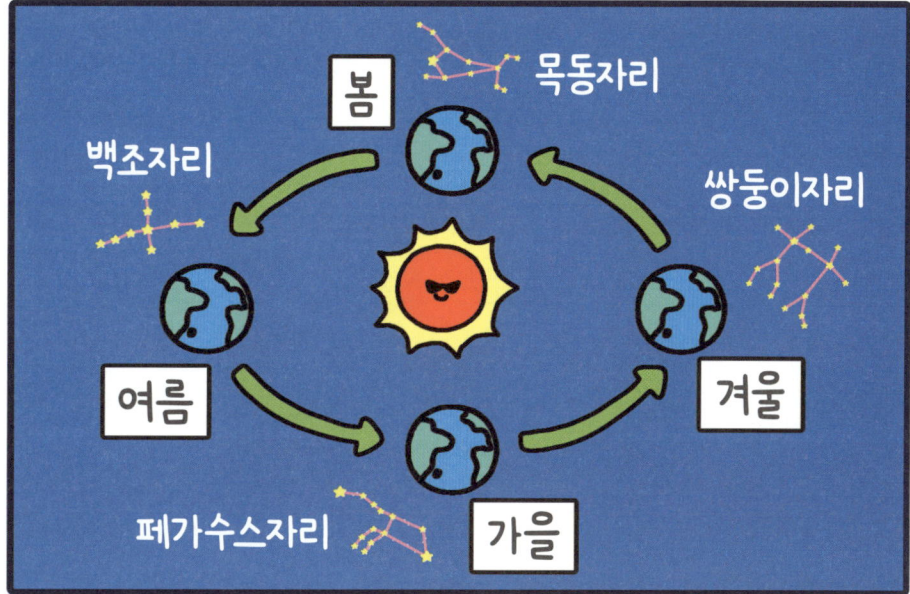

봄의 대표적인 별자리는 처녀자리, 사자자리, 목동자리가 있어요. 여름철의 대표적인 별자리는 거문고자리, 독수리자리, 백조자리가 있지요.

가을에는 물고기자리, 안드로메다자리, 페가수스자리, 겨울은 큰개자리, 오리온자리, 쌍둥이자리가 대표적인 별자리예요.

 **옥쌤 과학상식** 1년 내내 볼 수 있는 별자리

계절별로 바뀌는 별자리도 있지만, 우리나라에서 1년 내내 관찰할 수 있는 별자리가 있어요. 북극성으로부터 약 37도 각도 안에 있는 북쪽 하늘의 별들이지요. 북두칠성이 있는 큰곰자리, 카시오페이아자리, 케페우스자리, 용자리가 이런 별자리랍니다. 한편 별들도 제각기 다양하게 움직이고 있어요. 아주 멀리 있어서 멈춰 있는 것처럼 보이는 것이지요. 그래서 별자리도 20만 년 정도의 긴 세월이 흐르면 완전히 달라진답니다.

북극성

밤하늘 길잡이 별

북극성 : 작은곰자리에서 가장 밝고, 북극과 가까이 위치한 별

북극성은 작은곰자리에서 가장 빛나는 별이에요. 또한 이름 그대로 북극 가까이 있는 별이지요.

북극 근처에 있어서 북극성이야.

작은곰자리

북극성은 지구가 자전하는 축의 북쪽에 거의 닿아 있어요. 그래서 밤하늘에서 움직이지 않고 자리를 지키는 것처럼 보여요.

실제로는 작은 원을 그리며 움직여.

지피에스(GPS) 또는 나침반이 없던 옛날에는 북극성을 보고 북쪽을 찾아 방향을 알았답니다.

북극성의 위치는 1년 내내 볼 수 있는 별자리인 북두칠성이나 카시오페이아자리를 활용하면 찾을 수 있어요.

북두칠성의 1번과 2번 별 사이 거리의 5배만큼 떨어진 곳, 카시오페이아자리의 바깥쪽 두 선을 연장해 만나는 점과 가운데 별 사이 거리의 5배 정도 떨어진 곳에 북극성이 있어요.

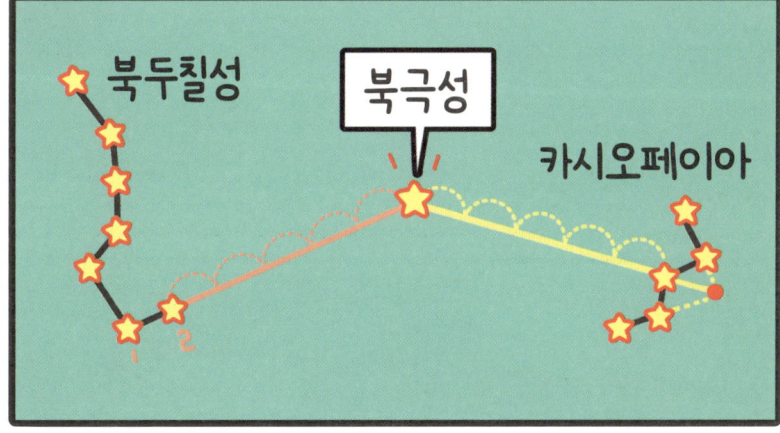

북두칠성 북극성 카시오페이아

미래에는 북극성이 바뀐다고?

현재의 북극성인 폴라리스는 지구가 자전하는 축 가까이에 있어서 움직이지 않는 것처럼 보여요. 그래서 많은 여행자가 이 별을 보고 길을 찾았지요. 그런데 지구가 자전하는 축은 고정되어 있지 않고 조금씩 움직여요. 이에 따라 자전하는 축과 가장 가까운 별이 달라지지요. 약 5,000년 전 과거에는 용자리의 투반(Thuban)이라는 별이 북쪽을 알려 주는 별이었어요. 약 1만 2,000년 후에 북쪽을 가리키는 별은 폴라리스가 아닌, 거문고자리의 직녀성베가(Vega)가 될 거예요.

월식·일식

해와 달의 숨바꼭질

월식: 달이 지구의 그림자에 가려지는 것
일식: 지구에서 볼 때, 태양이 달에 가려지는 것

월식은 달이 지구의 그림자에 가려지는 현상을 말해요. 우주에서 태양-지구-달 순서로 위치할 때 나타나는 현상이에요.

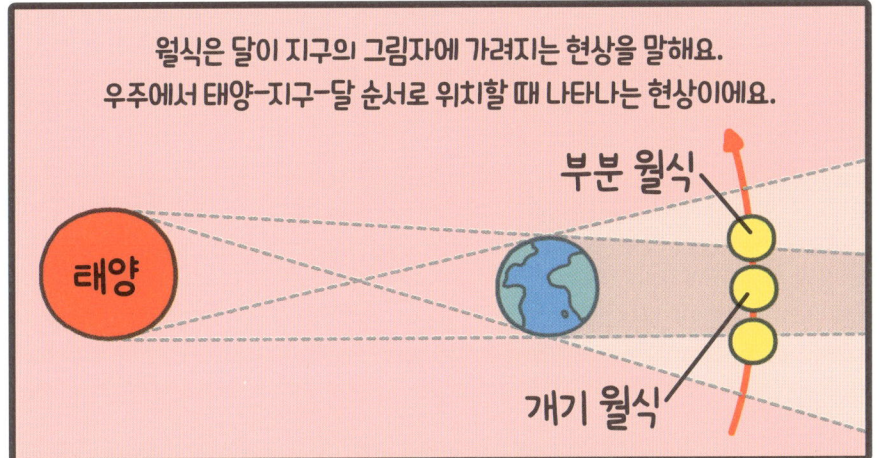

달의 일부분이 가려지는 것을 부분 월식, 달 전체가 가려지는 것을 개기 월식이라고 해요. 이때 달은 평소보다 어둡거나, 검붉은 색을 띠지요.

일식은 지구에서 볼 때 달이 태양을 가리는 현상을 말해요. 우주에서 태양-달-지구 순서로 위치할 때 나타나요.

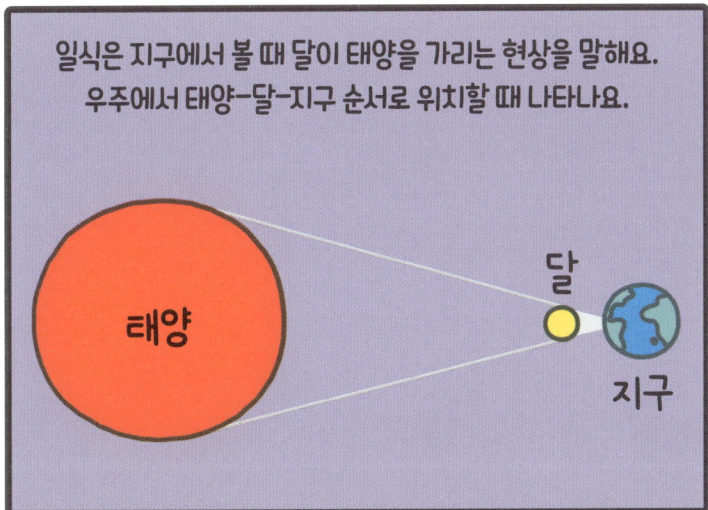

달이 태양의 일부분을 가리면 부분 일식, 달이 태양을 전부 가리면 개기 일식이라고 해요. 태양 가운데에 쏙 들어갔지만 둘레를 가리지 못해, 태양이 마치 반지처럼 보이는 현상은 금환 일식이라고 해요.

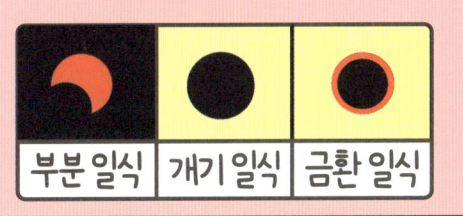

| 부분 일식 | 개기 일식 | 금환 일식 |

태양은 달보다 훨씬 크지만, 더 멀리 떨어져 있어서 지구에서는 둘의 크기가 비슷해 보여요. 그래서 달이 태양을 가리는 일식을 관찰할 수 있는 것이지요.

옛날에는 일식이나 월식이 나타나는 이유를 알지 못했어요. 한낮에 일식이 나타나 태양이 갑자기 사라지면 사람들은 신이 화가 났거나 지구가 멸망할 징조라고 여겼지요.

신이 화났다. 우린 망했다!

오늘날 사람들은 월식과 일식이 드물게 일어나는 자연 현상이라는 걸 알고 있어요. 그래서 월식이나 일식이 나타나는 날은 많은 사람의 관심을 받는답니다.

볼수록 신기해!

교과 연계

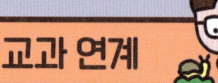

3학년 1학기 과학	04. 지구의 모습
3학년 2학기 과학	01. 동물의 생활
4학년 2학기 과학	01. 식물의 생활
5학년 1학기 과학	02. 태양계와 별
5학년 2학기 과학	02. 날씨와 우리 생활

더 알고 싶어요! 과학 개념

8장

생물 활엽수·침엽수 | 야생 동물·반려동물 | 서식지 | 불치병·난치병 | 철새 | 디엔에이(DNA)·유전자 | 초식·육식·잡식 | 진화·퇴화 | 적혈구·백혈구 | 번식

지구 과학 백야·극야 | 혜성 | 우주선 | 우주 정거장 | 오존층 | 은하수 | 제트 기류 | 지질 시대 | 천체 망원경 | 미세 먼지

생물

활엽수·침엽수

나뭇잎의 모양을 기준으로 나무를 구분하면 활엽수와 침엽수로 나눌 수 있어요. 활엽수는 잎이 넓은 나무를 의미해요. 넓은 잎을 가지고 있어서 햇볕을 많이 받을 수 있지요. 우리 주변에서 볼 수 있는 대표적인 활엽수는 참나무, 떡갈나무, 뽕나무, 오동나무 등이 있어요. 활엽수는 날씨가 추워지면 잎을 떨어트리고 앙상한 가지만 남겨요. 다음 봄이 찾아오면 새잎을 내어 자라나지요. 활엽수는 줄기가 가벼워서 가구나 악기 등을 만드는 데 사용된답니다. 침엽수는 바늘처럼 뾰족한 잎을 가지고 있는 나무예요. 잎 모양 덕분에 건조하고 추운 환경에서도 잘 자랄 수 있어요. 우리 주변에서 볼 수 있는 대표적인 침엽수로는 소나무, 잣나무, 향나무, 전나무 등이 있지요. 침엽수는 1년 내내 잎이 푸른 상태를 유지하는 상록수인 경우가 많아요. 또한 줄기가 튼튼해서 집을 짓는 데 많이 사용돼요.

야생 동물·반려동물

산이나 들에서 태어나 사람의 손에 길들여지지 않고 자라는 동물을 야생 동물이라고 해요. 쉽게 이야기해서, 야생 동물은 사람이 키우지 않는 동물이지요. 산에 사는 다람쥐, 고라니, 멧돼지 등이 야생 동물이에요. 야생 동물과 달리 사람이 기르는 동물들이 있어요. 그중 반려동물은 사람들이 가족처럼 가까이 두고 보살피며 기르는 동물을 말해요. 강아지, 고양이, 햄스터, 앵무새 등 다양한 반려동물이 있지요. 하지만 사람이 키우는 동물이 모두 반려동물인 것은 아니에요. 고기를 얻기 위해 키우는 돼지나 소, 닭, 털을 얻기 위해 키우는 양처럼 경제적인 이익을 위해 키우는 동물들이 있어요. 또 과학 연구와 새로운 약을 개발하는 실험에 동물을 활용하기도 해요. 생쥐, 원숭이, 개, 토끼 등이 실험동물로 사용되고 있지요. 하지만 동물의 생명을 빼앗거나 동물에게 고통을 주는 동물 실험을 금지해야 한다고 많은 사람이 주장하고 있어요.

서식지

서식지란 어떤 생물이 일정하게 자리를 잡아 사는 장소를 뜻해요. 생물마다 살기 좋은 환경이 다르기 때문에 서식지도 다양해요. 해바라기나 토마토처럼 빛이 많이 드는 곳을 서식지로 삼는 생물도 있지만, 박쥐처럼 빛이 잘 들지 않는 동굴을 서식지로 삼는 생물도 있어요. 또한 기온이 따뜻한 곳에 서식하는 사막여우 같은 동물이 있는 반면, 북극곰처럼 추운 곳에 서식하는 동물들도 있지요. 사자나 말, 코뿔소 등은 땅 위에서 살아가고, 개미와 두더지, 지렁이 등은 땅속에서 살아요. 이처럼 동물들의 서식지는 가지각색이지요. 하지만 동물들의 서식지에는 공통점이 있어요. 바로 먹이가 풍부한 곳을 서식지로 삼는 경우가 많다는 거예요. 목숨을 유지하기 위해서는 에너지를 얻을 수 있는 먹이가 반드시 필요하기 때문이지요. 그런데 인간이 자연을 개발하며 동물들의 서식지가 많이 파괴되고 있어요. 지구에서 다양한 동물들이 함께 어울려 살기 위해서는 여러 동물의 서식지를 보호해 줘야 해요.

불치병·난치병

질병의 종류는 매우 다양해요. 장염이나 감기처럼 약을 먹고 조금만 쉬면 금방 낫는 병도 있지만, 쉽게 낫지 않거나 치료할 수 없는 병도 있어요. 이런 병들을 난치병, 불치병이라고 부르지요. 불치병은 지금의 의학 기술로는 고칠 수 없는 병을 의미해요. 아직 병의 원인을 알지 못해 치료할 수 없는 경우도 있지만, 원인을 알고 있는데도 약이 없어 못 고치는 병도 있어요. 한편 난치병은 치료 방법은 있지만 고치기 어려운 병을 뜻해요. 난치병은 불치병과 마찬가지로 병의 원인을 제대로 알지 못하거나 치료 방법이 아직 완벽히 개발되지 않아서 고치기 어려운 것이지요. 하지만 기술이 발달하며 예전에는 불치병, 난치병이었던 병들을 오늘날엔 쉽게 치료해 내기도 해요. 마찬가지로 미래에는 지금의 불치병, 난치병을 치료할 방법이 생겨나겠지요?

철새

계절에 따라 서식지를 옮겨 다니며 사는 새들이 있어요. 이런 새를 철새라고 불러요. 철새들은 새끼를 낳고 기르는 번식지와 추운 겨울을 보내는 월동지를 오가며 지내요. 우리나라에 날아오는 철새는 여름새와 겨울새로 구분해요. 여름새는 따뜻한 봄과 여름에 우리나라에서 새끼를 낳고 기르다가 가을과 겨울에 기온이 낮아지면 우리나라보다 따뜻한 남쪽으로 날아가요. 겨울새는 우리나라보다 추운 북쪽에서 새끼를 낳고 기르다가 가을에 따뜻한 우리나라로 날아와 겨울을 보내고 봄에 다시 북쪽으로 떠나는 철새예요. 우리나라의 철새 중에 여름새는 뻐꾸기, 제비, 휘파람새가 있어요. 겨울새로는 기러기와 두루미 등이 있지요. 계절에 따라 서식지를 옮겨 다니는 철새와 달리, 철과 상관없이 한 지역에서만 사는 새를 텃새라고 불러요. 우리나라의 대표적인 텃새로는 참새, 까마귀, 꿩 등이 있어요.

디엔에이(DNA)·유전자

여러분은 누구를 닮았나요? 아빠를 더 닮은 사람도 있고 엄마를 더 닮은 사람도 있을 거예요. 엄마와 아빠를 반반씩 닮은 사람도 있겠지요. 이처럼 자식이 부모를 닮는 이유는 유전자를 물려받았기 때문이에요. 유전자에는 외모와 특성 등 한 사람에 대한 정보가 담겨 있어요. 그래서 아빠로부터 절반, 엄마로부터 절반의 유전자를 물려받은 여러분은 부모님을 닮을 수밖에 없지요. 유전자는 몸속의 디엔에이(DNA)라는 곳에 들어 있어요. 이 디엔에이는 사람마다 다르고, 우리 몸속 세포 곳곳에 들어 있어요. 머리카락, 혈액, 침 속에도 디엔에이가 들어 있지요. 그래서 범죄 현장에서 발견한 머리카락의 디엔에이를 분석해 범인을 쉽게 찾아내고, 디엔에이 검사를 통해 잃어버린 가족을 찾을 수도 있어요. 한편 농작물의 유전자를 변형시켜 생산량을 늘리고, 오랫동안 썩지 않거나 병충해에 강한 농작물을 만들어 내기도 해요. 이러한 유전자 변형 식품이 안전한가에 대한 의견은 사람들 사이에서 엇갈리고 있어요.

초식·육식·잡식

동물은 다른 생물을 먹어서 에너지를 얻어요. 그런데 동물들마다 먹는 것이 달라 이것을 기준으로 동물을 분류하기도 해요. 먹이에 따라 동물은 초식 동물, 육식 동물, 잡식 동물로 구분돼요. 초식 동물은 식물을 주로 먹고 사는 동물이에요. 소, 토끼, 염소 등이 대표적인 초식 동물이에요. 초식 동물은 풀이 많은 곳에 사는 경우가 많아요. 육식 동물은 다른 동물을 먹고 사는 동물이에요. 사자, 호랑이, 늑대처럼 다른 동물을 사냥해서 먹이를 구하지요. 대부분의 육식 동물은 초식 동물을 잡아먹지만, 육식 동물을 잡아먹는 동물도 있어요. 육식 동물은 뾰족한 이빨과 발톱을 가지고 있는 경우가 대부분이에요. 잡식 동물은 식물과 동물을 가리지 않고 다 먹는 동물이에요. 돼지, 쥐, 닭 등이 대표적인 잡식 동물이에요. 고기와 채소를 모두 먹는 우리 인간도 잡식 동물이라고 할 수 있어요. 초식 동물, 육식 동물, 잡식 동물은 먹이가 달라서 이빨과 위의 크기나 모양 등 소화 기관에 차이가 있지요.

진화·퇴화

어떤 생물이 생겨난 이후로 시간이 지나면서 점차 변해 가는 것을 진화라고 해요. 진화는 아주 오랜 시간에 걸쳐 이루어지는 현상이에요. 그래서 아기가 자라서 어른이 되는 것은 성장이라고 하지 진화라고 하지는 않아요. 진화는 생물이 환경에 적응해 더 잘 살 수 있도록 하는 데 도움을 준답니다. 진화의 과정을 밝혀내기 위해 많은 과학자가 노력하고 있어요. 진화 연구에 중요한 역할을 하는 것이 바로 화석이에요. 화석을 통해 아주 오래전 생물의 모습을 확인할 수 있기 때문이지요. 퇴화란 원래 있던 기관이 단순하게 변하거나 거의 사라지는 것을 의미해요. 뱀은 원래 다리가 있었지만 지금은 퇴화하여 다리가 없어요. 하지만 과거 뱀에게 다리가 있었다는 흔적은 발견할 수 있지요. 퇴화도 일종의 진화라고 할 수 있어요. 필요 없어진 기관의 기능을 줄여 환경에 더 잘 적응한 것이기 때문이지요.

적혈구·백혈구

피는 우리 몸 곳곳으로 영양소와 산소를 운반하는 역할을 해요. 우리 몸속을 돌아다니는 피 속에는 적혈구, 백혈구, 혈소판 등이 들어 있어요. 적혈구는 납작한 원반처럼 생겼는데, 우리 몸에 20조 개가 넘게 있어요. 적혈구에 있는 헤모글로빈이라는 단백질은 산소와 만나면 붉은색을 띠어요. 그래서 피가 붉게 보이는 것이지요. 적혈구는 몸 곳곳을 돌아다니며 산소를 공급하고, 세포에서 노폐물로 내보낸 이산화 탄소를 운반하는 역할을 해요. 적혈구 수가 적거나 적혈구가 비정상적인 경우, 산소를 옮기는 능력이 떨어져 빈혈이 생겨요. 한편 백혈구는 우리 몸속 경찰 또는 군인과도 같아요. 해로운 물질이 들어오면 맞서 싸워 몸을 보호하는 역할을 하지요. 그래서 세균에 감염되면 백혈구 수가 늘어나요. 백혈구는 적혈구보다 수가 훨씬 적지만 크기가 커요. 백혈병은 몸속에 정상적인 백혈구가 부족해서 면역력이 약해지는 병이에요.

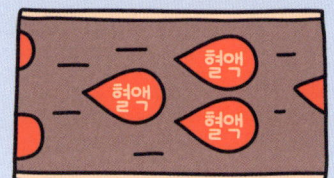

번식

생물이 짝짓기 등의 방법을 통해서 자손을 낳아 종족을 늘리는 것을 번식이라고 해요. 생물은 자신이 죽더라도 유전자를 세상에 남겨 두기 위해 번식을 하지요. 대부분의 동물은 수컷과 암컷이 구분되기 때문에 수컷과 암컷의 짝짓기를 통해 번식을 해요. 그런데 성별 구분이 어려운 동물도 있어요. 몇몇 산호와 물고기는 상황에 따라 번식에 유리하도록 성별을 바꿔요. 또한 지렁이와 달팽이는 암컷의 생식기와 수컷의 생식기를 한 몸에 가지고 있어서 짝짓기에 성공할 확률을 높인답니다. 한편 번식을 위해 머나먼 여행을 떠나는 동물들도 있어요. 연어는 번식을 위해 물살을 거슬러 자신이 태어난 곳으로 돌아가요. 그곳에 도착하면 번식을 하고 생을 마감하지요. 식물은 동물이나 바람의 도움을 받아 꽃가루받이를 하고, 열매를 맺고 씨를 퍼트리는 과정을 거치며 번식해요. 생물들은 번식을 더 잘할 수 있게끔 진화하기도 한답니다.

지구 과학

백야·극야

우리는 매일 한 번의 낮과 한 번의 밤을 보내요. 지구가 매일 한 바퀴씩 자전하고 있기 때문이지요. 1년 동안 낮과 밤의 길이는 달라지지만, 매일 낮과 밤이 번갈아서 찾아오는 것은 같아요. 그런데 하루 종일 해가 떠 있어서 밤이 찾아오지 않거나, 하루 종일 해가 뜨지 않아서 낮이 되지 않는 곳이 있어요. 북극과 남극에서 가까운 지역이 바로 그런 곳인데, 백야 현상과 극야 현상이 나타나기 때문이에요. 위도가 높아질수록 백야와 극야 현상이 나타나는 날이 많아져요. 북극점이나 남극점에서는 무려 6개월 동안이나 지속되지요. 백야 현상이란 밤에도 해가 지지 않아서 하루 종일 해가 떠 있는 것을 말해요. 여름철에 나타나지요. 반대로 극야 현상은 겨울철에 하루 종일 해가 뜨지 않고 밤만 이어지는 거예요. 백야 현상과 극야 현상이 나타나는 이유는, 자전축이 기울어진 채 지구가 돌고 있기 때문이랍니다.

혜성

혜성은 태양계에 속해 있는 천체예요. 태양 가까이 날아왔다 다시 멀리 날아가는데, 긴 타원이나 포물선 모양을 그리면서 움직여요. 혜성의 지름은 대부분 5~10킬로미터 정도로 다른 천체에 비해서 작은 편이에요. 혜성은 몸통이라고 할 수 있는 핵과 그 주변을 감싸고 있는 가스 구름, 그리고 길게 늘어트린 꼬리로 이루어져 있어요. 특히 혜성의 긴 꼬리는 혜성 하면 떠오르는 가장 큰 특징이에요. 그래서 옛날부터 혜성을 꼬리별이라고 부르기도 했어요. 혜성이 태양에 가까워지면, 태양의 영향을 받아 혜성이 나아가는 방향과 반대쪽으로 먼지와 가스가 뿌려져요. 이것이 우리 눈에 혜성의 꼬리처럼 보이는 것이지요. 혜성은 태양 근처를 지났다가 다시 돌아오는 데 수십 년에서 수백 년이 걸려요. 유명한 핼리 혜성은 태양을 도는 데 76년이나 걸리지요. 핼리 혜성이 마지막으로 나타난 때는 1986년이었으니, 2061년에 다시 볼 수 있답니다.

우주선

우주선은 우주를 날아다닐 수 있게 만든 비행 물체예요. 사람을 태워서 쏘아 올리는 우주선도 있지만, 사람을 태우지 않고 쏘아 올리는 우주선도 있어요. 우주선이 지구를 떠나 우주에 가기 위해서는 큰 힘이 필요해요. 그래서 아주 많은 연료를 사용하여 우주선을 발사하지요. 우주선을 발사할 때 나오는 열기가 엄청나게 뜨겁기 때문에, 사람들은 근처에 갈 수 없어요. 세계 최초의 우주선은 1957년 소련에서 발사한 인공위성, 스푸트니크 1호예요. 사람이 탑승한 최초의 우주선은 1961년 소련에서 발사한 보스토크 1호였는데, 이때 유리 가가린이라는 사람이 탑승했어요. 최초로 사람을 달에 착륙시킨 우주선은 1969년 미국에서 발사한 아폴로 11호예요. 오늘날 미국의 한 기업에서는 일반인을 태우고 우주여행을 할 수 있는 우주선을 개발했어요. 앞으로 해외여행을 하듯이 우주여행을 할 시대가 올지도 모른답니다.

우주 정거장

버스나 열차가 머무를 수 있도록 정해 둔 장소를 정거장이라고 해요. 정거장에서 승객을 태우거나 짐을 싣고 내리지요. 우주선이 머무르는 정거장도 있어요. 바로 우주 정거장이에요. 우주 정거장이 없었을 때에는 우주선을 타고 우주에 가더라도 얼마 지나지 않아 지구로 돌아와야 했어요. 연료나 식량이 부족했거든요. 우주선을 발사하는 데 어마어마한 돈이 들기 때문에, 이렇게 지구를 계속 오가는 것은 매우 비효율적인 일이었어요. 그래서 미국과 소련은 우주에 정거장을 여럿 만들어 우주선을 타고 온 우주 비행사들이 오랫동안 머물며 연구할 수 있게 했어요. 1998년에는 여러 나라가 함께 계획하여 국제 우주 정거장을 쏘아 올리기 시작했어요. 국제 우주 정거장은 크기가 축구장 정도로 커서, 한 번에 완성된 형태로 쏘아 올릴 수는 없어요. 일부분씩 나누어 여러 번 쏘아 올린 후 우주에서 조립해 완성한답니다.

오존층

지구의 대기에는 다양한 물질이 들어 있어요. 그중에 푸른빛을 띠는 오존이라는 기체도 있지요. 이 오존이 많이 모여서 층을 이룬 것을 오존층이라고 불러요. 오존층은 지상에서 20~30킬로미터 위에 자리 잡고 있어요. 오존층이 태양의 자외선을 흡수해 주는 덕분에 지구의 생명체들은 안전하게 살아갈 수 있어요. 만약 오존층이 없어서 자외선을 그대로 쬐게 된다면, 피부와 눈이 상하고 예상하지 못한 질병이 발생할 수 있지요. 우리가 평소에 자외선 차단제를 바르는 이유도 자외선이 몸에 해롭기 때문이에요. 그런데 이렇게 중요한 오존층이 과거 냉장고나 에어컨에 사용했던 프레온 가스 때문에 많이 파괴되었다고 해요. 그래서 각 나라의 대표들이 모여 오존층을 지키기 위해 여러 규칙을 정했어요. 그 덕분에 지금은 오존층이 많이 회복되었지요.

은하수

우주에는 수없이 많은 항성이 빛나고 있어요. 항성은 아주 크고 서로 엄청나게 멀리 떨어져 있지만, 우리가 살고 있는 지구에서는 이 항성들이 아주 작고 가까이 모여 있는 것처럼 보여요. 한편 우리 은하는 납작한 원반 모양이어서, 지구에서 멀리 떨어진 은하를 보면 마치 기다란 구름 띠 같아요. 이 모습이 반짝반짝한 강줄기가 흐르는 것 같아 은하수라고 부르는 것이지요. 하지만 우리가 사는 도시나 마을에서는 은하수를 눈으로 관찰하기 어려워요. 가로등이나 간판의 불빛 등이 있어 은하수를 관찰하기에는 밤이 너무 밝기 때문이에요. 그래서 맨눈으로 은하수를 관찰하고 싶다면 주위에 불빛이 없는 곳으로 가야 해요. 몽골의 초원이나 볼리비아의 우유니 소금 사막이 은하수를 관찰하기 좋은 곳으로 유명해요. 물론 우리나라의 제천, 강릉, 부여 등의 지역에서도 은하수를 관찰할 수 있답니다.

제트 기류

우리나라 인천에서 미국의 로스앤젤레스로 비행기를 타고 가면 11시간 정도가 걸리지만, 반대로 로스앤젤레스에서 인천으로 돌아올 때는 13시간 정도로 시간을 더 들여 날아와야 해요. 미국으로 갈 때와 돌아올 때 거리는 같지만 시간이 다른 이유는 바로 제트 기류 때문이에요. 제트 기류는 해수면에서 대략 10킬로미터 위의 하늘에서 부는 아주 강한 바람을 뜻해요. 제트 기류는 초속 30미터가 넘어요. 태풍보다도 강한 바람이지요. 그래서 미국을 갈 때와 돌아올 때의 시간이 달라지는 거예요. 여러분이 달리기를 할 때 바람이 부는 방향으로 달리면 조금 더 편하게 달릴 수 있고, 반대 방향으로 바람을 맞으며 달리면 더 느려지는 것과 마찬가지예요. 제트 기류는 남쪽과 북쪽의 온도 차이 때문에 생겨나요. 그런데 지구 온난화가 이 제트 기류에도 영향을 주고 있다고 해요.

지질 시대

지구가 탄생한 뒤부터 현재까지의 기간을 지질 시대라고 해요. 과학자들은 실제로 그 시대를 살아 보지는 않았어도, 지층에서 발견한 생물의 화석을 바탕으로 시대를 구분해요. 지질 시대는 크게 선캄브리아대, 고생대, 중생대, 신생대로 나뉘어요. 선캄브리아대는 지구가 생겨난 약 46억 년 전부터 약 5억 4,000만 년 전까지의 시대를 말해요. 지질 시대 중에서 가장 오래되었고 가장 긴 시대이지요. 고생대는 약 5억 4,000만 년 전에서 2억 5,200만 년 전까지의 시대예요. 삼엽충이 이 시기의 대표적인 생물이에요. 고생대 때 어류, 파충류, 곤충 등 여러 생물이 등장했어요. 중생대는 2억 5,200만 년 전에서 약 6,600만 년 전까지의 시대예요. 바로 공룡이 살았던 시대이지요. 신생대는 약 6,600만 년 전부터 현재까지의 시대를 가리켜요. 신생대에는 포유류가 급격히 늘어났고 끝 무렵에 인류가 등장했어요. 산업 혁명 이후 인간의 활동이 지구 환경에 큰 영향을 주었기 때문에 인류세라는 새로운 지질 시대를 제안하는 사람도 있어요.

천체 망원경

망원경은 멀리 있는 물체를 크고 정확하게 볼 수 있도록 만든 장치예요. 여러분도 산 위나 전망대에 설치된 망원경을 통해 멀리 있는 곳을 자세히 본 경험이 있을 거예요. 우리 지구로부터 수십, 수백 광년이나 떨어져 있는 천체는 보통의 망원경으로는 관찰하기가 힘들어요. 그래서 특별히 만들어진 천체 망원경을 사용해야 해요. 천체 망원경으로 지구에서 달뿐만 아니라 목성, 토성도 맨눈으로 볼 수 있어요. 값이 비싸지 않고 집에 둘 수 있을 정도로 작은 천체 망원경도 있지만, 연구를 위해 우주선에 실어 지구 밖으로 쏘아 올린 천체 망원경도 있어요. 바로 우주 망원경이지요. 이 우주 망원경으로 무려 35억 광년이나 떨어진 천체의 사진을 찍은 적도 있어요. 하지만 이렇게 찍은 사진은 그 천체의 35억 년 전 모습이기 때문에 지금은 어떻게 변했을지 아무도 모른답니다. 대표적인 우주 망원경으로는 허블 망원경, 제임스 웹 우주 망원경이 있어요.

미세 먼지

오랫동안 청소를 하지 않으면 뽀얗게 먼지가 쌓여요. 먼지는 아주 작지만 우리 눈으로 볼 수 있지요. 하지만 평소에 우리가 볼 수 있는 먼지보다 훨씬 작아서 눈으로 확인하기 어려운 먼지가 있어요. 바로 미세 먼지예요. 미세 먼지는 지름이 10마이크로미터 이하인 아주 작은 먼지를 뜻해요. 1마이크로미터는 0.001밀리미터로 아주 작은 크기랍니다. 미세 먼지보다 작은 초미세 먼지도 있어요. 초미세 먼지는 지름이 2.5마이크로미터 이하인 먼지예요. 미세 먼지가 우리 몸에 오랜 시간 쌓이면 천식, 폐 질환, 심장 질환 등 여러 질병을 일으킬 수 있기 때문에 조심해야 해요. 그래서 우리나라 환경부에서는 국민의 건강을 위해 날마다 미세 먼지를 측정해 좋음, 보통, 나쁨, 매우 나쁨의 4단계로 구분해서 알리고 있어요. 미세 먼지 농도가 나쁨이나 매우 나쁨인 경우에는 바깥 활동을 줄여야 해요. 만약 외출하게 된다면 마스크를 착용하는 게 좋아요. 그리고 집에 돌아왔을 때는 손에 묻은 미세 먼지를 물로 깨끗하게 씻어 내야 한답니다.

현직 초등학교 교사 옥효진 선생님이 직접 뽑은
초등학생이 꼭 알아야 할 사회 개념!

유튜브 채널 〈세금 내는 아이들〉로 독보적인 사회 교육법을 구축한 초등 교사 옥효진 선생님이 현직에서 일하며 아이들 눈높이에서 발견한 필수 사회 개념을 알려 준다. 친절한 옥효진 쌤, 유쾌한 탄이, 야무진 솔이의 극공감 만화를 술술 읽다 보면, 교과 필수 사회 개념 100가지를 알차게 얻어 갈 수 있다.

글 옥효진 | 그림 나인완 | 각 권 22,000원

★★★★★
2021년
민주시민교육
교육부장관
표창

★★★★★
2021년
국가경제활성화
기획재정부장관
표창

★★★★★
2022년
제7회 금융의 날
대통령
표창

★★★★★
2022년
교보교육대상
미래교육콘텐츠 부문
대상

공부의 기초 체력을 길러 주는 사회 문해력!
사회 교과서를 꿰뚫는 개념 사전 시리즈

아마 처음에는 사회 개념과 서먹서먹할지도 몰라요. 하지만 매일 일상에서 마주치는 사회 개념들에 귀 기울여 보고, 내 이야기도 들려주며 조금씩 가까워지는 건 어떨까요? 우리 사회를 가만히 들여다보면 아주 재미있는 이야기들이 많거든요.

《옥효진 선생님의 과학 개념 사전》 다음 권도 기대해 줘, 냥!

초판 1쇄 발행 2024년 9월 9일
초판 3쇄 발행 2025년 6월 2일

글 옥효진 **그림** 유재영 **기획** 북케어
펴낸이 김선식

부사장 김은영
어린이사업부총괄이사 이유남
책임편집 최유진 **디자인** 양X호랭 DESIGN **책임마케터** 신지수
어린이콘텐츠사업4팀장 강지하 **어린이콘텐츠사업4팀** 남정임 최방울 최유진 박슬기
어린이마케팅본부장 최민용 **어린이마케팅2팀** 최다은 신지수 심가윤 **기획마케팅팀** 류승은 박상준
미디어홍보본부장 정명찬
편집관리팀 조세현 김호주 백설희 **저작권팀** 성민경 이슬 윤제희
재무관리팀 하미선 임혜정 이슬기 김주영 오지수
인사총무팀 강미숙 이정환 김혜진 황종원
제작관리팀 이소현 김소영 김진경 최완규 이지우 황인우
물류관리팀 김형기 김선진 주정훈 양문현 채원석 박재연 이준희 이민운

펴낸곳 다산북스
출판등록 2005년 12월 23일 제313-2005-00277호
주소 경기도 파주시 회동길 490 **전화** 02-704-1724 **팩스** 02-703-2219
다산어린이 공식 카페 cafe.naver.com/dasankids **다산어린이 공식 블로그** blog.naver.com/stdasan
종이 스마일몬스터 **인쇄 및 제본** 상지사 **코팅** 제이오엘앤피

ISBN 979-11-306-5629-8 74400
         979-11-306-5627-4 74400 (세트)

• 책값은 뒤표지에 있습니다.
• 파본은 본사와 구입하신 서점에서 교환해 드립니다.
• 이 책은 저작권법에 의하여 보호를 받는 저작물이므로 무단 전재와 복제를 금합니다.
• KC마크는 이 제품이 공통안전기준에 적합하였음을 의미합니다.